中华古籍保护计划

ZHONG HUA GU JI BAO HU JI HUA CHENG GUO

·成果·

从典籍中汲取智慧

国　家　图　书　馆
国家古籍保护中心　编

国家图书馆出版社

图书在版编目（CIP）数据

从典籍中汲取智慧／国家图书馆，国家古籍保护中心编. -- 北京：国家图书馆出版社，2016.7

ISBN 978-7-5013-5892-2

Ⅰ.①从…　Ⅱ.①国…②国…　Ⅲ.①古籍—图书馆目录—中国

Ⅳ.①Z838

中国版本图书馆CIP数据核字（2016）第156510号

书　　名　**从典籍中汲取智慧**

著　　者　国家图书馆　　国家古籍保护中心　编

责任编辑　王燕来　耿素丽

装帧设计　九雅工作室

出　　版　国家图书馆出版社（100034　北京市西城区文津街7号）
　　　　　（原书目文献出版社　北京图书馆出版社）

发　　行　（010）66114536　66126153　66151313　66175620
　　　　　66121706（传真），66126156（门市部）

E-mail　　nlcpress@nlc.cn（邮购）

Website　www.nlcpress.com→投稿中心

经　　销　新华书店

印　　装　北京信彩瑞禾印刷厂

版　　次　2016年7月第1版　2016年7月第1次印刷

开　　本　889×1194（毫米）　1/16

印　　张　16

书　　号　ISBN 978-7-5013-5892-2

定　　价　260.00元

谨以此书祝贺第五批《国家珍贵古籍名录》和

第五批"全国古籍重点保护单位"颁布

祝贺"民族记忆　精神家园——国家珍贵古籍特展"举办

特别鸣谢：

中国中医科学院

北京市文物局图书资料中心

天津图书馆

河北大学图书馆

山西省图书馆

山西省曲沃县图书馆

辽宁省图书馆

东北师范大学图书馆

上海图书馆

南京图书馆

浙江图书馆

安徽省图书馆

山东省图书馆

湖南图书馆

四川省图书馆

成都杜甫草堂博物馆

云南省少数民族古籍整理出版规划办公室

云南省迪庆藏族自治州图书馆

敦煌研究院

香港中文大学中国文化研究所文物馆

编纂委员会

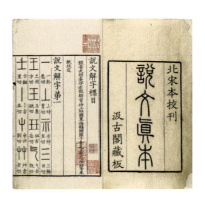

北宋本校刊

說文真本

汲古閣藏板

說文解字標目

說文解字第一

从中华优秀典籍中汲取历史智慧

韩永进

习近平同志指出："历史是最好的教科书。""几千年来，我国流传下来的各种历史文化典籍浩如烟海，其丰富和完备的程度，没有任何一个国家可以相比。这是中华文明特有的重要标志，是中华民族的宝贵财富。"保护好、传承好这些文献典籍，是广大文化工作者肩负的重要历史使命；研究好、利用好这些文化遗产，对于我们深刻总结历史经验、把握历史规律、认清历史趋势，在对历史的深入思考中把握当下、走向未来，具有重要现实意义。

典籍在保护和传承中华民族优秀传统文化方面发挥着独特作用

我国是造纸术和印刷术的发明国，自古以来习用文字记载历史，创造了卷帙浩繁的文献典籍。虽经兵燹水虫灾害，流传至今的百不存一，但现存文献典籍依然蔚为大观。据初步统计，目前仅我国2000余家公藏单位收藏的汉文古籍文献就有20万个品种、45万个版本，超过5000万册件。如果再加上私家收藏和少数民族古籍就更多了，这些文献典籍堪称中华民族重要的文化财富和精神家园。

典籍是中华文明传承和发展的重要载体

回顾人类漫长的发展历史，越是古老悠久的文明，其社会风俗、礼仪节庆、表演艺术、手工技艺等无形的非物质文化遗产越容易随着岁月渐渐流失消亡，而古代建筑、历史文物等有形的物质文化遗产则易因风蚀雨浸、地震洪水、战祸离乱等自然灾害或人为破坏而损毁消失。历史最悠久的世界四大文明中，唯有中华文明五千年来一脉相承、从未中断，一个重要的因素就是中华民族有"易代修史"和整理典籍的优良传统。用文字记载历史，通过不断整理著述来传承文化，维系着中华文明的薪火相传。正如习近平同志指出的："中华民族有着5000多年的悠久历史和灿烂文化，而且中华文明从远古一直延续发展到今天。为什么中华民族能够在几千年的历史长河中顽强生存和不断发展呢？很重要的一个原因，是我们民族有一脉相承的精神追求、精神特质、精神脉络。"这种精神追求、精神特质、精神脉络以文字形式真实完整地镌刻在文献典籍当中，形成中华民族历经磨难而绵延发展的精神密码。文字与典籍，就是中国之精神，民族之灵魂。

典籍是国家和民族生存发展的精神基石

中华典籍浩如烟海、博大精深，从古老的甲骨卜辞、青铜铭文、碑铭石刻、简册帛书，到写印在纸张上的书籍，历经三千多年，历史悠久，数量浩繁，形式多样，内容丰富。这些典籍是中华民族在历史长河中创造的重要文明成果，记述了历朝历代人们在思想、文学、艺术、科学、技术等各方面的成就，正如习近平同志指出的："中国古代大量鸿篇巨制中包含着丰富的哲学社会科学内容、治国理政智慧，为古人认识世界、改造世界提供了重要依据，也为中华文明提供了重要内容，为人类文明作出了重大贡献。"这些典籍蕴含着中华民族丰富而宝贵的历史记忆、思想智慧和知识体系，始终并将永远是国家和民族生存发展的精神基石。

典籍是实现中华民族伟大复兴中国梦的智慧源泉

"读史可以明智，知古方能鉴今。"人类总是在继承前人成就的基础上向前发展，古今中外，概莫能外。今天，中华民族要继续前进，就必须学习历史、了解历史、铭记历史、借鉴历史。典籍作为连接历史与现实的桥梁，不仅是前人留给我们的宝贵精神财富，还是我们实现中华民族伟大复兴中国梦，建设文化强国、科技强国的智慧源泉。在中国的史籍书林之中，蕴涵着十分丰富的治国理政的历史经验。其中包含着许多涉及对国家、社会、民族及个人的成与败、兴与衰、安与危、正与邪、荣与辱、义与利、廉与贪等方面的经验与教训。依法治国和以德治国相结合的治国方略，就在一定程度上吸收了古人"儒法并用""德刑相辅"的治理思想与经验。"一带一路"重大战略构想的实施，也可从《汉书》《大唐西域记》等典籍记载的我国古代丝绸之路推动与亚欧各国之间政治、经济、文化交流发展的历史中获得时代启示。科学家屠呦呦正是从东晋葛洪

《肘后备急方》记载的"青蒿一握，以水二升，渍绞取汁，尽服之"中获得灵感，通过现代科技手段成功提取了有效治疗疟疾的青蒿素，最终获得2015年诺贝尔生理学或医学奖。

可以说，典籍作为中华传统文化的重要载体，作为珍贵而不可再生的文化资源，记载着中华民族的辉煌历程，铭刻着中华民族的伟大创造，延续着中华民族的精神血脉。如何使蕴含在典籍中的文化基因和历史智慧为今天所用，与当代文化相适应、与现代社会相协调，是我们每一个文化工作者都应当深入思考的时代命题。

通过典籍了解和认识中华民族绵延发展的历史脉络与精神特质

习近平同志指出："历史是一个民族、一个国家形成、发展及其盛衰兴亡的真实记录。"浩瀚的历史典籍，完整再现了国家和民族的发展历史，连黑格尔也称扬"中国有最完整的国史"。今天，透过这些历史典籍，回首中华民族数千年来不断探寻求索的发展道路，不断走向团结统一的艰辛历程，我们感到由衷的自豪，这正是我们历经岁月淬炼而形成的强大文化自信。

中国今天的发展道路是中华民族在长期历史进程中奋斗求索的必然选择

习近平同志指出："数千年来，中华民族走着一条不同于其他国家和民族的文明发展道路。我们开辟了中国特色社会主义道路不是偶然的，是我国历史传承和文化传统决定的。"典籍能够帮助我们历史地认识中国，认识中华民族五千年发展的历史脉络，深入思考今天所选择的发展道路的历史必然性。

以"二十四史"为代表的正史、万余种存世方志和公私收藏数以万计的家谱，是华夏民族国史、地方史和家史的历史记忆。正史记王朝兴替，方志为郡县资政，家谱载家族繁衍，这些官私并修的历史典籍，从中央朝廷到地方郡县，从天潢贵胄到闾阎百姓，把国家、社会、家族乃至个人的兴衰荣辱紧紧串连在一起，构成华夏民族共有的家国记忆，形成了全国各族人民共同认同的价值观念，为我们今天选择和坚持适合本民族的发展道路和理想信念提供了重要的文化基石。

两千多年前，《礼记》就提出了"大同世界"的理想，指出："大道之行也，天下为公，选贤与能，讲信修睦。故人不独亲其亲，不独子其子，使老有所终，壮有所用，幼有所长，鳏、寡、孤、独、废、疾者皆有所养，男有分，女有归……是谓'大同'。"然后在"今大道既隐，天下为家，各亲其亲，各子其子，货力为己"的现实条件下，提出"以著其义，以考其信，著有过，刑仁讲让，示民有常"的政治主张。

我们今天提出全面建设小康社会的治国理念与这一政治主张一脉相承。

以儒家为代表的中国传统文化追求"以仁""以礼"，提倡"己所不欲，勿施于人""老者安之，朋友信之，少者怀之"等主张，追求"修身、齐家、治国、平天下""先天下之忧而忧，后天下之乐而乐""民为贵，社稷次之，君为轻"等理想信念，在讲求个人价值自觉的基础上，强调社会秩序的安定和谐。这与我们今天选择的中国特色社会主义价值理想，主张从全社会的进步、公正、和谐中追求和获得个人利益，实现个人价值，异曲同工。

维护民族团结和国家统一是中华民族自古以来的优良传统

中国自古以来就是一个多民族国家。上古时期，黄河中游地区生活着众多部族，这些部族不断融合，形成中华民族的主体——华夏族，华夏族与周边其他部族在后世演变为汉族与其他民族。一部中华民族的历史就是汉族与其他民族之间团结互依、共同发展的历史。从西汉的和亲政策、唐朝的蕃亲政策、宋朝的互市政策，到魏孝文帝的汉化政策、松赞干布与唐公主的通婚、耶律阿保机仿制汉字偏旁创制契丹文字、元昊仿宋建立科举制，典籍完整地记载了各民族融合发展、团结友好的历史。

少数民族文字典籍所记述的材料，与汉文史料相互印证，忠实记载了各民族数千年来交流交往、融合统一的发展进程，是中华民族崇尚民族团结优良传统的历史见证。例如，新疆和田、吐鲁番等地区发现的唐人临写王羲之《兰亭序》，童蒙写本《千字文》《论语》《孝经解》等汉文古籍，反映了西域各少数民族对中原汉族基本人伦观念的接受与传播情况；西夏仁宗年间，曾专门编制西夏文与汉文双语对照字典《番汉合时掌中珠》，极力倡导党项民族与汉民族互相学习，体现了我国古代各民族之间在语言风俗方面的彼此理解、互相尊重；中国民族图书馆藏满文《资治通鉴纲目》，展示了清初统治者对汉族经国纬世制度的学习热情。在政治思想和国家制度上，中国很早就形成了"大一统"的观念，国家统一是中华民族发展的必然趋势。《礼记·礼运》就有言："大道之行也，天下为公。"《荀子》也明确提出了"四海一家"和"一统"的思想。秦统一六国以后，以法家思想为基础，构建了"大一统"的政治制度、经济制度，并希望达成社会思想的统一。《山海经》较系统地反映出"大一统"的自然地理观，《尚书·禹贡》则较清晰地体现出"大一统"的社会经济观和政治地理观。西汉时期，以董仲舒为代表的儒家学派进一步发展了"大一统"的思想。他在《春秋繁露》中指出："春秋大一统者，天地之常经，古今之通谊也。""王者必改正朔，易服色，制礼乐，一统于天下。"经过董仲舒的解释，"大一统"成为中国儒家思想的核心，秦汉时代所奠定的中华民族"大一统"观念，随着历史的演进不断得到强化与充实，形成了中华民族国家统一的观念。

从《三国志》到《晋书》，再到《南史》《北史》，记录了三国鼎立，五胡十六国，南北朝的对峙；《旧唐书》《新唐书》，再现了唐代统一天下的历史必然；新旧《五代史》《宋史》《辽史》《金史》展现了五代十国的乱象和宋、辽、金的分立，但之后的《元史》《明史》《清史稿》，则有力地揭示了大分裂之后必然是更为长久的国家统一。更为重要的是，典籍的记载反映出即使在分裂时期，天下一统依然是历朝历代共同追求的社会理想，国家统一是两千多年来维系中华民族命脉的重要思想纽带，是中国五千年历史演进的主旋律，是中国政治文化的核心内容。

从典籍中汲取中国人民世代传承的政治理想与民族品格

习近平总书记指出："中国优秀传统文化的丰富哲学思想、人文精神、教化思想、道德理念等，可以为人们认识和改造世界提供有益启迪，可以为治国理政提供有益启示，也可以为道德建设提供有益启发。""今天，我们提倡和弘扬社会主义核心价值观，必须从中汲取丰富营养，否则就不会有生命力和影响力。"

要继承和发扬中华民族家国天下、修齐治平的社会理想

中国传统文化中蕴含的天人合一思维模式、天下为公的大同理想、以民为本的治国原则、和谐人际的伦理主张、自强不息的奋斗精神等，历久弥新，几千年来一直代表着中国社会的主流价值取向。《礼记·大学》言："物格而后知至，知至而后意诚，意诚而后心正，心正而后身修，身修而后家齐，家齐而后国治，国治而后天下平。"其中，格物致知、诚意正心、修身是个人层面的要求，齐家是社会层面的要求，治国平天下是国家层面的要求。今天我们提出的社会主义核心价值观，将国家、社会和公民的价值要求融为一体，正是吸收了中国传统文化把对个人、社会的教化同对国家的治理相结合的思想精髓。这也正是中华民族虽历经内忧外患仍能自立自强、昂首前进的内在动力，为中华民族生生不息、发展壮大提供了丰厚滋养，其深远影响波及整个世界。

要继承和发扬中华民族天下为公、为政以德的政治主张

"天下为公"是中国古代美好的社会政治理想。《尚书·泰誓》中就有设君利群政治观念的萌芽。《管子·任法》提出"任公不任私"。《吕氏春秋》提出"贵公""利群"的政治主张。《贞观政要·公平》中记载了唐太宗"古者称至公者，盖

谓平恕无私"的政治理念。"宋初三先生"之一的胡瑗倡导"一谋一虑，必以天下之利存于心"，主张"虽旁行于天下之间，亦无私邪淫过流荡之事，所以然者，盖至公至正而致然也"，描绘了"以正性制之耳，不私于己而于天下同也"的政治理想；张载则从方法上提出"心既虚则公平，公平则是非较然易见，当为不当为之事自知"。南宋朱熹也有"一心可以兴邦，一心可以丧邦，只在公私之间尔"的观念。清初思想家赓续前代"天下为公"的思想，黄宗羲在《明夷待访录》主张："不以一己之利为利，而使天下受其利，不以一己之害为害，而使天下释其害。"王夫之在《黄书》提出"勿任意见之私"，在《读通鉴论》中标举"必循天下之公"。近代孙中山，则终其一生践行"天下为公"的理想。

中国儒家思想强调为政以仁、以德，其中还包含着深刻的廉政思想内涵。《尚书·吕刑》记载了"惟官、惟反、惟内、惟货、惟来"的"五过之疵"，其中就蕴含着廉政思想。《周礼》提出考察官吏的"六廉"标准：廉善、廉能、廉敬、廉正、廉法、廉辨，将"廉"作为官员行为的基本要求。《墨子·修身》将"廉、义、爱、哀"视为人的四种基本道德规范。《孟子·离娄下》将不取身外之物和不义之财视为廉，提出"可以取，可以无取，取，伤廉"。《管子·牧民》将为政之廉提升到关系国家命运的高度，提出礼义廉耻，国之四维，"四维不张，国乃灭亡"。《韩非子·六反》认为实现廉政的根本途径在于法治，提出"明主之治国也，众其守而重其罪，使民以法禁而不以廉止"。宋代司马光则认为廉政是关乎治国理政成败的关键因素，提出："吏不廉平，则治道衰。"从历史典籍中考察历朝历代反腐倡廉的成败得失，可以给人以深刻启迪，有利于我们运用历史智慧推进反腐倡廉建设。

要继承和发扬中华民族协和万邦、兼容并蓄的博大胸怀

中华文明是在中国大地上产生的文明，也是同其他文明不断交流互鉴而形成的文明。五千年中华文明之所以生生不息，绵延不绝，日益走向繁荣兴盛，正是在于能够不断吸收融合其他国家民族的文化精髓，铸就了"和而不同、有容乃大、兼容并蓄"的博大胸怀与宽厚品格。大量典籍文献记载了这种文明间的开放包容与交流互鉴。

从《史记》《汉书》《后汉书》的记载中可以看到，西域瓜果蔬菜的引进丰富了汉人的物质生活；绚丽动听的歌舞启发了汉人的艺术思维；来自印度的佛教，西亚的祆教、摩尼教，欧洲的景教渐次传入中国，充实了以儒家思想为核心的中国文化。《法显传》和《大唐西域记》，生动描述了两位中国僧人西行求法的经历，展现了自汉末至唐中叶，中国僧人翻译、释讲等传播佛教思想的行为。《六祖坛经》《五灯会元》等禅宗

典籍，则反映了中国文化在老庄思想、魏晋玄学的基础上，融合佛教思想进而形成具有独特智慧的中国禅宗思想。《二程集》《张载集》等典籍则反映了儒家思想、道家思想吸收佛教思想，发展出"性即理""心即理""内省""明心见性""事理圆融"等观念的宋明理学。随着近代西学东渐之风，《明史·外国传》中不乏中华文化吸收西方近代科技知识的记载。到了清初，西方传教士协助清廷绘制《皇舆全览图》，成为此后中国各种地图之重要根据。

要继承和发扬中华民族自强不息、拼搏奋斗的坚定信念

《周易》乾卦中的"天行健，君子以自强不息"，是中华民族积极进取、刚健有为、勇往直前的内在动力。司马迁在《史记·报任安书》中说："盖西伯拘而演《周易》；仲尼厄而作《春秋》；屈原放逐，乃赋《离骚》；左丘失明，厥有《国语》；孙子膑脚，《兵法》修列；不韦迁蜀，世传《吕览》；韩非囚秦，《说难》《孤愤》；《诗》三百篇，大抵贤圣发愤之所为作也。"体现出中华民族坚强刚毅、奋斗不息的优良传统；女娲补天、精卫填海、大禹治水、愚公移山等古代神话故事之所以能够广为流传，通过《山海经》《搜神记》等古代典籍完整地记载和保留下来，并且通过历代诗词歌赋、戏曲小品等文学作品不断演绎、发展，也是因为其中蕴含着中华民族共同认可的自强不息、积极进取的人生态度。

今天，无论是国家、社会的发展，还是我们每一个人的学习、成长，都面临着许多前所未有的机遇与挑战，而中华民族血液中所流淌的自强不息、拼搏奋斗的勇气智慧，必将为我们在新的历史条件下取得新的辉煌成就提供强大的精神支柱。

要继承和发扬中华民族锐意变革、开拓创新的进取精神

习近平同志指出："创新是一个民族进步的灵魂，是一个国家兴旺发达的不竭源泉，也是中华民族最鲜明的民族禀赋。"中华民族是一个锐意变革的民族，中华文明是一种与时俱进的文明。古代贤君商汤王即提出："苟日新，日日新，又日新。"《诗经》云："周虽旧邦，其命维新。"北宋理学奠基人之一程颐进一步认为："君子之学必日新，日新者日进也。不日新者必日退，未有不进而不退者。"这与《增广贤文》中的"学如逆水行舟，不进则退"一样，都阐述了进取的重要性。

中华民族在五千多年的发展进程中，创造了高度发达的文明，发明了造纸术、火药、印刷术、指南针，在天文、算学、医学、农学等多个领域创造了累累硕果，并通过典籍的记载和流传，为世界文明进步和科技发展做出了突出贡献，带来了深远影响。在日新月异的现代社会，在全面深化改革的重要历史时期，秉承这种锐意进取、开拓创新的精神力量，将为我们的事业带来新的动力。

保存好、继承好、研究好、传播好中华优秀典籍

"中华古籍保护计划"是"十一五"期间由国务院批准设立的国家级重要文化工程，也是新中国历史上首次由国家主持开展的全国性古籍保护工程，由国家图书馆组织实施。近十年来，在中央和各级政府的支持下，在文化部的领导下，根据"保护为主、抢救第一、合理利用、加强管理"的工作方针，不断完善工作机制，在古籍普查、修复、整理、利用以及古籍书库建设和古籍人才培养等方面进行了卓有成效的努力，取得了一系列令人瞩目的成果：一是建立了全国古籍保护工作机制。在国家和地方层面分别建立了古籍保护工作联席会议制度和专家咨询工作制度，成立了国家、省级古籍保护中心和中国古籍保护协会，为集全社会之力共同推进古籍保护工作提供了坚实的组织保障。二是基本摸清了全国古籍存藏情况。截至2015年年底，完成全国2000余家古籍收藏单位171万部古籍的详细清点和编目整理，西藏、新疆等边疆民族地区的古籍普查登记工作取得突破性进展，《中华古籍总目》部分分省卷编纂工作陆续启动。三是建立了古籍分级保护制度。制定《古籍定级标准》，在国家和地区层面分别建立了珍贵古籍名录制度，对古籍进行分级、重点保护。国务院先后公布了五批《国家珍贵古籍名录》，共收录12274部古籍。四是推动建设了一批标准化古籍库房。制定《图书馆古籍特藏书库基本要求》，命名了五批共180家全国古籍重点保护单位，带动全国1000余家古籍收藏单位不同程度地改善了库房条件，完善了管理制度。五是完成了一批珍贵、濒危古籍的抢救性修复。命名国家级古籍修复中心12家，修复场所总面积超过6000平方米；建立修复室247个，总面积达16392平方米；开展"清宫《天禄琳琅》修复项目"等多项大型珍贵古籍修复项目，累计修复古籍达5万余册（件）、200余万叶。六是培养了一支古籍保护专业人才队伍。在全国建立12家国家古籍保护人才培训基地和1家国家级古籍修复技艺传习中心（附设21家传习所），举办古籍保护培训班339期，培训超过1.5万人次，与多所高等院校合作培养古籍保护硕士，建立古籍保护研究院，探索出了一条培训基地、高等院校、传习所三位一体的古籍保护人才创新培养之路，培养了一批具有较高水平的古籍保护专业人员。七是推出了一批有重大影响的古籍整理研究成果。先后组织实施了"中华古籍数字资源库"建设、《中华再造善本》、《中华医藏》编纂、"海外中华古籍调查暨数字化合作项目"等多个古籍整理研究项目，通过影印出版、缩微复制、数字化等多种途径，有力地推动了古籍的揭示利用。八是有效提升了社会各界对古籍保护工作的认识。

通过专题展览、学术交流及讲座、互动体验、有奖征文等多种形式开展古籍保护宣传工作，累计举办"西域遗珍——新疆历史文献暨古籍保护成果展"等大型专题展览20余场，各种巡展500余场，讲座600余场次，得到中央领导高度重视，引起社会各界热烈反响，全社会古籍保护意识显著提高。

可以说，经过社会各界近十年来的共同努力，"中华古籍保护计划"推动海内外大量中华珍贵古籍得到有效保护、科学整理和转化利用，为中华优秀传统文化在更广阔的范围得以传承和发扬奠定了坚实基础。今年3月，国务院发布《中华人民共和国国民经济和社会发展第十三个五年规划纲要》，提出要"构建中华优秀传统文化传承体系，实现传统文化创造性转化和创新性发展"，并将"中华古籍保护计划"列入重大文化工程。党和国家的高度重视和大力支持，把古籍保护工作推上了新的历史高度，提出了新的更高要求。接下来，如何在继续保护好、抢救好珍贵古籍的同时，真正践行习近平同志"让书写在古籍里的文字都活起来"的要求，使古籍中蕴含的历史智慧能够更好地服务当代，服务社会，是我们下一步工作的重点。为此，国家图书馆将主要做好以下工作：

一是进一步提升古籍保护工作水平。"十三五"时期，我们将全面完成中华古籍的普查登记工作，特别是重点加强遗散海外的中华古籍调研与合作数字化工作，以国家级珍贵古籍为重点做好古籍保护和修复工作，加强古籍保护人才队伍建设。

二是依托传统典籍加强对中华优秀传统文化的挖掘和阐发。"十三五"时期，我们将继续推进优秀中华典籍的当代解读，形成一批学术性、知识性和普及性相结合的精品丛书；利用"国图公开课"这个新平台，以弘扬和传播中华优秀传统文化为主线，推出一系列能够体现中华民族核心价值导向的精品课程。

三是促进古籍的推广利用。"十三五"时期，我们将继续通过数字化、缩微、影印出版等工作，使更多珍贵古籍能够为人们所方便利用；依托国家典籍博物馆，通过展览、讲座、文化普及课程与活动、文创产品开发与推广等更加生动活泼、群众喜闻乐见的形式，促进典籍文化的传承与发展。

2016年6月

周禮卷第一

天官冢宰第一

惟王建國，辨方正位，體國經野，設官分職，以為民極。

乃立天官冢宰，使帥其屬而掌邦治，以佐王均邦國。

治官之屬：大宰卿一人，小宰中大夫二人，宰夫下大夫四人，上士八人，中士十有六人，旅下士三十有二人，府六人，史十有二人，胥十有二人，徒百有二十人。

目　录

竟陵陸　羽撰

一之源
二之具
三之造

茶者南方之嘉木也一尺二尺迺至數十尺其巴山峽川有兩人合抱者伐而掇之其樹如瓜蘆葉如梔子花如白薔薇實如栟櫚葉如丁香根如胡桃瓜蘆木出廣州似茶至苦澁栟櫚蒲葵之屬其子似茶胡桃與茶根皆下孕兆至瓦礫苗木上抽其名一曰茶二曰檟三曰蔎四曰茗五曰荈其字或從草或從木或草木并其地上者生爛石中者生櫟壤下者生黃土凡藝

前　言

　　中华文化源远流长，积淀着中华民族最深层的精神追求，代表着中华民族独特的精神标识，为中华民族生生不息、发展壮大提供了丰厚滋养。卷帙浩繁的古代典籍文献则是中华文脉绵延数千载的历史见证，也是人类文明的瑰宝。

　　2016年3月27日，国务院下发通知，正式公布第五批《国家珍贵古籍名录》和"全国古籍重点保护单位"。自2008年至今，全国共有12274部古籍被列入《国家珍贵古籍名录》，180家单位被命名为"全国古籍重点保护单位"。

　　《周易》曰："观乎天文，以察时变；观乎人文，以化成天下。"为学习贯彻习近平同志建设文化强国的系列讲话精神，推动中华传统文化创造性转化和创新性发展，激活中华文化生命力，让书写在古籍里的文字活起来，我们在第十一个"中国文化遗产日"到来之际，特举办本次展览，希望通过一部部珍贵古籍，讲述一个个精彩故事，引导观众走进博大精深的传统文化宝库，享受异彩纷呈的精神盛宴。

珍贵古籍　书香中国

习近平指出："一个国家、一个民族的强盛，总是以文化兴盛为支撑的。"博大精深的中华文化积淀着中华民族最深沉的精神追求，是我们民族生生不息、发展壮大的丰厚滋养。中国古代一直秉承"国有史，郡有志，家有谱"的传统。几千年文明留下了卷帙浩繁的文献典籍，蕴含着中华民族的历史记忆、思想智慧和知识体系，成为中华文化传承最重要的载体之一，是中华传统文化的重要组成部分，更是珍贵而又不可再生的文化资源。

为了抢救、保护、利用我国珍贵古籍，2007年1月19日，国务院办公厅下发了《国务院办公厅关于进一步加强古籍保护工作的意见》，正式实施"中华古籍保护计划"，古籍保护工作全面展开。迄今，国务院已公布五批《国家珍贵古籍名录》，共有457家古籍收藏机构及个人收藏或持有的12274部古籍被列入该名录，其中，汉文古籍共计11209部，少数民族文字古籍共计16个文种1039部，其他文字古籍26部，为保护利用中华古籍做出了重要的贡献。

文字是中华文化的重要组成部分，也是中华文明传承的载体和见证。习近平指出："中国字是中国文化传承的标志。殷墟甲骨文距离现在3000多年，3000多年来，汉字结构没有变，这种传承是真正的中华基因。"汉字在不断改进和发展过程中，经历了甲骨文、金文、篆书等不同字体的演化。源远流长的中华文字作为传承文明的精神纽带，以其强烈的凝聚力和绵延不断的历史，见证了中华民族前进的足迹，展现了中华民族的智慧和创造。

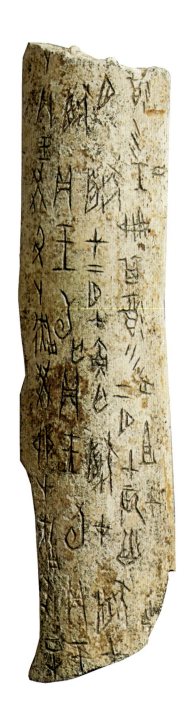 

　　北图2509　商帝乙、帝辛时期（前1101—前1046）　黄组　兽骨　实物7.9×1.9厘米　51字　祭祀、吉凶梦幻主题　《甲骨文合集》35891著录

　　释文：

　　（1）癸巳［卜］，［徝］贞：王［旬亡］畎。在□［月］，［甲午宣祖甲］。

　　（2）癸卯卜，（徝）贞：王旬亡畎。在二月，甲辰彳日祖甲。

　　（3）癸丑卜，（徝）贞：王旬亡畎。在二月，甲寅工典其酌彡。

　　（4）［癸］□卜，贞王［旬亡］畎。［在］□月□酌彡。

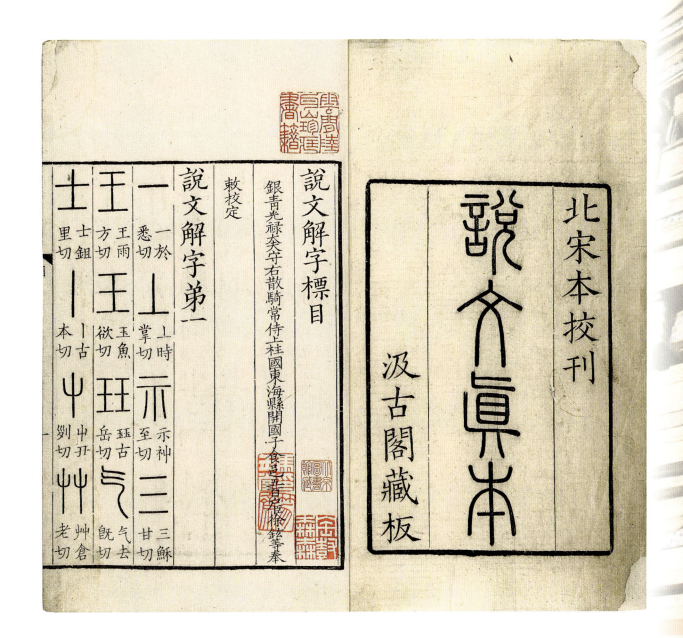

说文解字十五卷 （汉）许慎撰 清初毛氏汲古阁刻本 佚名录惠士奇、惠栋校注

　　《说文解字》是中国第一部分析字形、说解字义、辨识声读的字典，也是我国第一部系统揭示汉字形音义联系的文字学著作。本书的重要特点是解释了字形构造方法，反映了汉字形义的相互依存关系。书中字体以小篆为主，创部首编排法，据文字形体和偏旁构造排列，确立了造字规律的"六书"体系。

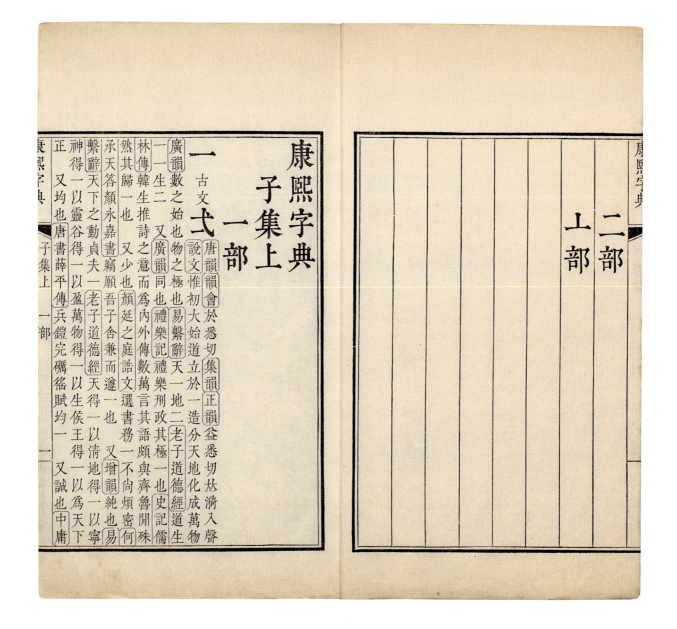

康熙字典十二集三十六卷检字辨似一卷等韵一卷补遗一卷备考一卷　（清）张玉书、凌绍雯纂修
清康熙内府刻本

康熙四十九年（1710），张玉书等奉旨编修，历时六年，成书于康熙五十五年。本书是我国第一部明确提出"字典"概念的工具书，书中收字多达47035个，规模空前，内容翔实，体例完备，堪称中国字书编纂史上的里程碑。

在世界诸多文化体系中，中华文化绵延数千年不绝，中华典籍功不可没。早在殷商时期就有典册，《尚书·多士》说："惟殷先人，有册有典。"自公元前722年以来，中国历史每年都有编年的记录。一部《史记》，记载从黄帝到汉武帝3000多年的历史。《史记》对商代世系的记载，与考古发现的甲骨文记录基本吻合，说明我们不仅有典籍，更有可据引用的信史。中国历史上"百家争鸣"，留下许多彪炳千秋的伟大著作，儒释道互相交融，形成中华文化思想体系的主干。

尚书正义二十卷　（唐）孔颖达撰　南宋初两浙东路茶盐司刻本（卷七至八、十九至二十配日本影宋抄本）　杨守敬跋

《尚书》是中国古代的一部历史文献汇编，又称《书》《书经》，主要编辑了商、周两代统治者的讲话及其他重要文献。相传孔子曾删订过《尚书》，并为之作序。《尚书》开创了继甲骨卜辞以来的实用文学形式。它既是中国最古的史籍，也是最古的散文。

国家图书馆藏　名录00221

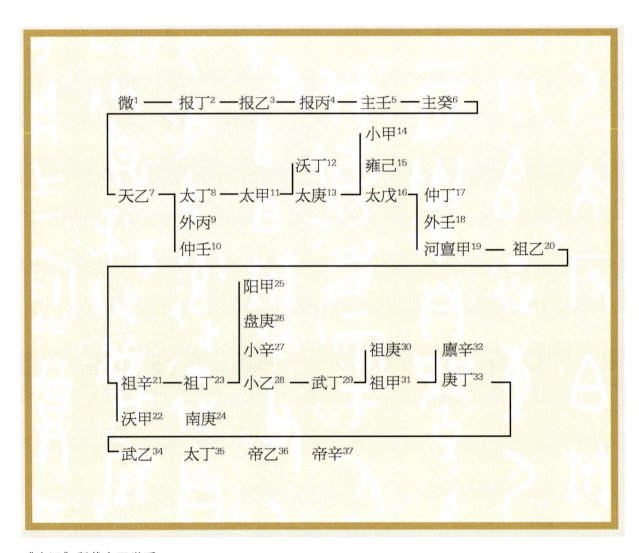

《史记》所载商王世系

北图6006 商武乙、文丁时期（前1147—前1102） 历组 兽骨 实物6×3.3厘米 12字（合文1） 祭祀主题 刘体智旧藏 《甲骨文合集》32384（部分）著录

释文：

［乙未酚兹品上甲十、报乙三、报丙三、报丁三、示壬三、示癸三］、大乙十、［大丁十、大甲十］、大庚七、小甲三…三、祖乙…

国家图书馆藏　名录09860-1

9

北图5601＋北图17923　商帝乙、帝辛时期（前1101—前1046）　黄组　兽骨　实物15.8×8厘米（缀合后）　13字（合文3）　祭祀主题　刘体智旧藏　《甲骨文合集》35406（部分）著录

释文：

（1）［甲戌翌上甲，乙亥翌报乙，丙］子翌报丙，［丁丑翌报丁，壬午翌示壬，癸］未翌示癸，［乙酉翌大乙，丁亥翌大丁，甲午］翌［大甲，丙申翌外丙，庚子翌］大庚。

（2）翌。翌。

国家图书馆藏　名录09860-1

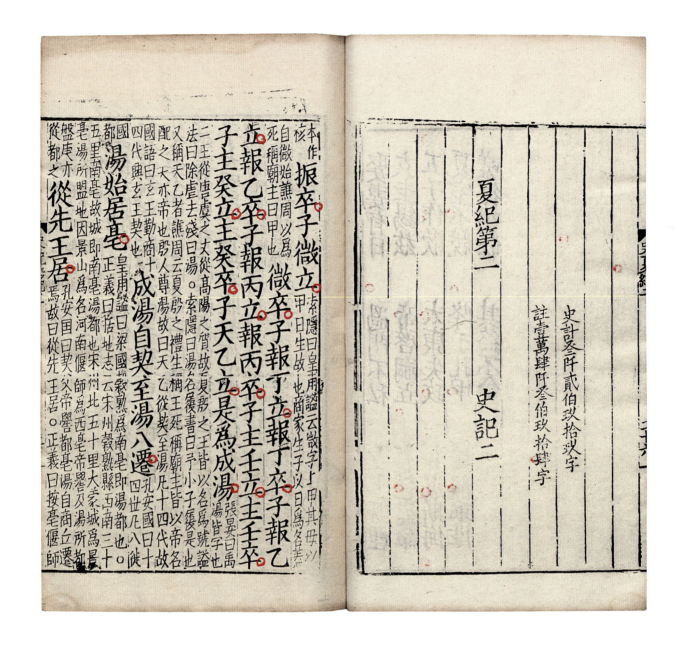

史记一百三十卷　（汉）司马迁撰　（南朝宋）裴骃集解　（唐）司马贞索隐　（唐）张守节正义　明嘉靖四至六年（1525—1527）王延喆刻本

《史记》为我国第一部纪传体通史，记载了上起黄帝时代下至汉武帝元狩元年（前122）共三千多年的历史。书中《殷本纪》所记载的商王世系，经过与甲骨刻辞所记商王世系对比考证，发现二者记载基本一致，这也印证《史记》史料来源真实有据，堪称信史。

浩瀚典籍　历史智慧

第一单元　修齐治平　儒典辉光

　　以"十三经"为代表的儒家经典，自春秋晚期孔子整理删订，经汉武帝列为官学，至南宋最终确立，其中蕴含的天人合一思维模式，天下为公的大同理想，以民为本的治国原则，和谐人际的伦理主张，自强不息的奋斗精神等，历久弥新，几千年来一直代表着中国社会的主流价值取向。而这种价值取向的核心，便是《礼记·大学》所言："身修而后家齐，家齐而后国治，国治而后天下平。"它把对个人、社会的教化同对国家的治理相结合，体现了积极进取、经世致用的人生态度，因而具有强大持久的生命力和凝聚力。这也正是中华民族虽历经内忧外患仍能自立自强、昂首前进的内在根据，为中华民族生生不息、发展壮大提供了丰厚滋养，其深远影响波及整个世界。

　　孔子创立的儒家学说以及在此基础上发展起来的儒家思想，对中华文明产生了深刻影响，是中国传统文化的重要组成部分。儒家思想同中华民族形成和发展过程中所产生的其他思想文化一道，记载了中华民族自古以来在建设家园的奋斗中开展的精神活动、进行的理性思维、创造的文化成果，反映了中华民族的精神追求，是中华民族生生不息、发展壮大的重要滋养。

　　——习近平在纪念孔子诞辰2565周年国际学术研讨会暨国际儒学联合会第五届会员大会开幕会上的讲话

論語疏　卷之二

子曰吾十有五而志于學三十而立【注】有所成也四十而不惑【注】孔曰不疑惑五十而知天命【注】孔曰知天命之始終六十而耳順【注】鄭曰耳聞其言而知其微旨七十而從心所欲不踰矩【注】馬曰矩法也從心所欲無非法

則恥如此則民有愧恥而歸正也犯禮且能自脩而

孟懿子問孝【注】孔曰魯大夫仲孫何忌懿諡也子曰無違【注】孔曰輒言此者欲以勉人志學而善始令終也樊遲御子告之曰孟孫問孝於我我對曰無違【注】鄭曰恐孟孫不曉無違之意將問於樊遲故告之樊遲曰何謂也子曰生事之以禮死葬之以禮祭之以禮【注】

樊遲弟子樊須也夫為孟孫御車也樊遲問孝於孔子孔子告之曰無違者

十三经注疏　明毛氏汲古阁刻本

《论语》是孔子的弟子记录孔子言行的著作，儒家重要经典。成书于战国初期，内容相当广泛，多半涉及修身、教育、为政治国理念等问题，较为集中地反映了孔子"仁"的思想，是研究孔子思想的重要资料。

食數罟不入洿池魚鼈不可勝食也【注】數罟密綱也
密細之網所以捕小魚鼈也故禁之不得用魚不滿
尺不得食斧斤以時入山林材木不可勝用也【注】時
謂草木零落之時使材木茂暢故有餘穀與魚鼈不
可勝食材木不可勝用是使民養生喪死無憾無憾【注】
憾恨也民所用者足故無恨養生喪死無憾王道之
始也【注】王道先得民心民心無恨故言王道之始五
畝之宅樹之以桑五十者可以衣帛矣【注】廬井邑居
各二畝半以爲宅各入保城二畝半故爲五畝也樹

桑墻下古者年五十乃衣帛矣雞豚狗彘之畜無失
其時七十者可以食肉矣【注】言孕字不失時也七十
不食肉不飽百畝之田勿奪其時數口之家可以無
饑矣【注】一夫一婦耕耨百畝百畝之田不可以徭後
奪其時功則家給人足農夫上中下所食多少各有
差故總言數口之家也謹庠序之教申之以孝悌之
義頒白者不負戴於道路矣【注】庠序者教化之宮也
殷曰序周曰庠謹修教化申重孝弟之義頒者斑也
頭半白斑斑者也壯者代老心各安之故頒白者不

十三经注疏　明毛氏汲古阁刻本

孟子主张天人合一，人性本善，并将道德规范概括为仁、义、礼、智四德，强调道德修养是政治的根本。他继承并发展了孔子的"仁"和德治思想，从"仁义"道德出发推演出"仁政"的政治方案。

国家图书馆藏

周易

《周易》虽属占书，但其中蕴含着深刻的理论思维和辩证观念，是中国哲学思想的源泉之一。"人文""文化"两词就最早出现于《周易》。"观乎天文，以察时变；观乎人文，以化成天下"。书中"凡益之道，与时偕行"，"穷则变，变则通"，"天行健，君子以自强不息"，"地势坤，君子以厚德载物"的思想影响深远，支撑着中华民族生生不息、薪火相传，今天依然是我们推进改革开放和社会主义现代化建设的强大精神力量。

周易九卷　（魏）王弼、（晋）韩康伯注　（唐）陆德明释文　略例一卷　（魏）王弼撰
（唐）邢璹注　南宋初刻本　董其昌、文嘉、文震孟、文从简、秦蕙田跋

"易"有变易，即穷究事物变化；简易，即执简驭繁；不易，即永恒不变等三义。本书具有朴素的唯物主义和辩证思想的萌芽，认为阴阳两种势力的相互作用是产生万物的根源，并通过卦爻的变动情况，表达了"刚柔相推，变在其中"的辩证思想。

国家图书馆藏　名录00191

不学《诗》，无以言

孔子在教育儿子孔鲤时说："不学《诗》，无以言。"认为学习《诗经》以后，就能懂得怎样遣词造句，怎样表达自己的情感。从荀子开始，人们就不断挖掘《诗经》中蕴藏着的思想性，其中"靡不有初，鲜克有终"，"战战兢兢，如临深渊，如履薄冰"，"殷鉴不远，在夏后之世"等名言警句蕴含着修身、治国的智慧，催人警觉。

参差荇菜，左右流之。窈窕淑女，寤寐求之。

——《诗经·周南·关雎》

未有害本實先撥殷鑒不遠在夏后之世

蕩八章章八句

抑衞武公刺厲王亦以自警也○抑抑威儀
維德之隅人亦有言靡哲不愚庶人之愚亦
職維疾哲人之愚亦維斯戾○無競維人四
方其訓之有覺德行四國順之訏謨定命遠
猶辰告敬慎威儀維民之則○其在于今興
迷亂于政顛覆厥德荒湛于酒女雖湛樂從
弗念厥紹罔敷求先王克共明刑○肆皇天

弗尚如彼泉流無淪胥以亡夙興夜寐洒埽
廷內維民之章脩爾車馬弓矢戎兵用戒戎
作用遏蠻方○質爾人民謹爾侯度用戒不
虞慎爾出話敬爾威儀無不柔嘉白圭之玷
尚可磨也斯言之玷不可為也○無易由言
無曰苟矣莫捫朕舌言不可逝矣無言不讎
無德不報惠于朋友庶民小子子孫繩繩萬
民靡不承○視爾友君子輯柔爾顏不遐有
愆相在爾室尚不愧于屋漏無曰不顯莫予

毛诗四卷　明铜活字蓝印本

《诗经》是中国古代最早的一部诗歌总集，共305篇，分"风""雅""颂"三大类。内容反映了从商周发祥到春秋中叶漫长历史时期一系列重大事件和社会生活情况。诗篇以四言为主，普遍运用赋、比、兴的表现手法，是我国诗歌现实主义优良传统的源头。

尚书

《尚书》是上古历史文献的总集，总结了夏、商两代兴衰的经验教训，提出了"民为邦本"的思想。"皇天无亲，惟德是辅"，"天视自我民视，天听自我民听"，这种观点决定了中国文化的根本特性就是以人为本，是中国人文精神的重要来源。

不学《礼》，无以立

《周礼》《仪礼》《礼记》合称"三礼"。《周礼》介绍周代官制，《仪礼》讲人们日常生活中的伦理原则和行为规范，《礼记》解释《仪礼》。其中《礼记》对后世影响最大，四书中的《中庸》《大学》都来源于《礼记》，大同、小康等儒家治国理想在《礼记》中也均有记载。

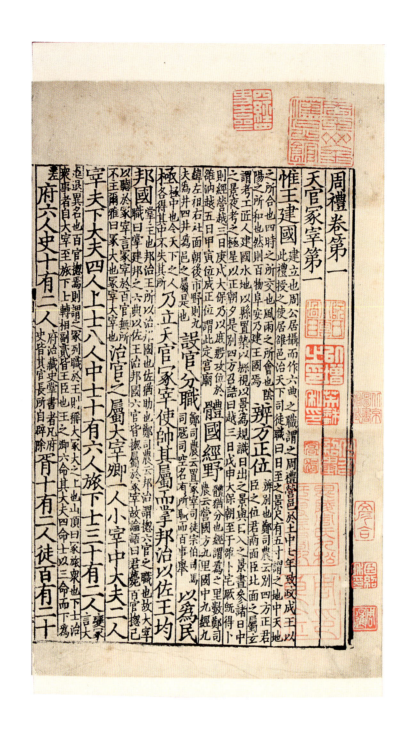

周礼十二卷　（汉）郑玄注　宋婺州市门巷唐宅刻本　劳健抄补并跋

本书内容为周代典章制度，同时寓以儒家政治理想。全书共六篇，按天官、地官、春官、夏官、秋官、冬官分述，所载职官均先述其官名、爵等、员数，再分述其职掌，颇为详尽。通过本书可了解先秦社会、政治、经济、军事、文教等制度。

国家图书馆藏　名录00250

大學第四十二　鄭氏注

大學之道在明明德在親民在止於至善
知止而后有定定而后能靜靜而后能安
安而后能慮慮而后能得物有本末事有
終始知所先後則近道矣
古之欲明明德於天下者先治其國欲
治其國者先齊其家欲齊其家者先脩其

身欲脩其身者先正其心欲正其心者先
誠其意欲誠其意者先致其知致知在格
物物格而后知至知至而后意誠意誠而
后心正心正而后身脩身脩而后家齊家
齊而后國治國治而后天下平自天子以
至於庶人壹是皆以脩身為本其本亂而
末治者否矣其所厚者薄而其所薄者厚
未之有也此謂知本此謂知之至也
所謂誠其意者毋自欺也如惡惡臭如好

礼记二十卷　（汉）郑玄注　释文四卷　（唐）陆德明撰　宋淳熙四年（1177）抚州公使库刻本
顾广圻跋

本书是研究中国古代社会概貌、典章制度和儒家思想的重要著作。其中《大学》篇提出为政的三条纲领（明明德、亲民、止于至善）及八条目（格物、致知、诚意、正心、修身、齐家、治国、平天下），《礼运》篇记述了"天下为公"的大同理想。

国家图书馆藏　名录00263

小康与大同

"小康"源出《诗经》"民亦劳止，汔可小康"，是中国百姓对安定、幸福生活的恒久守望，是穿越无数苦难与辉煌岁月的执着梦想。

《礼记》中提出以"天下为公"的大同世界。在这个世界里，"老有所终，壮有所用，幼有所长"。这一理想对后世进步思想家影响极大，康有为在《大同书》中设计了一个与现实社会相对立的理想"大同"境界，孙中山也将"天下为公""以进大同"作为自己的革命理念。现代社会的"天下大同"就是各民族、国家的优秀文化互相包容学习、合作共赢，"各美其美，美人之美，美美与共，天下大同"。

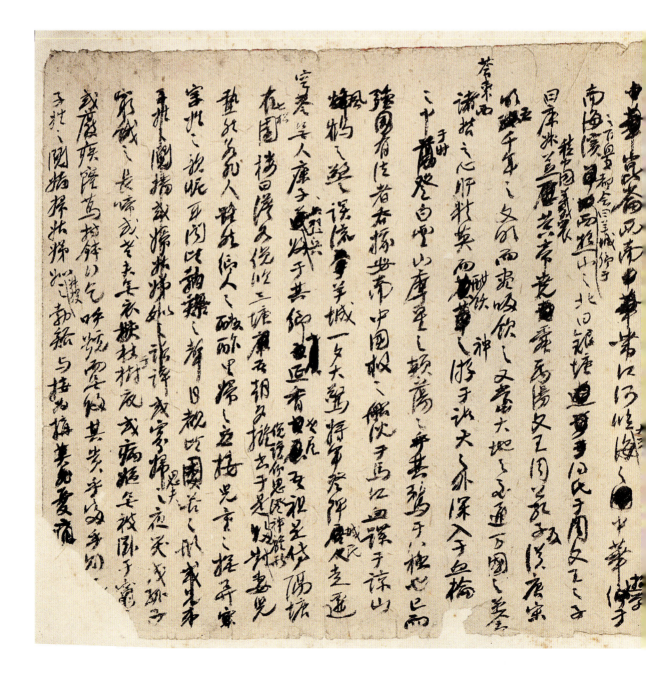

南海先生大同书稿不分卷　（清）康有为撰　稿本

　　书中描述了中国近代资产阶级改良派领袖康有为对大同社会的设想。《礼记·礼运》中关于"大同"的理想，西方的进化论、"天赋人权"等学说，都对他的大同思想的形成产生影响。康有为设想，大同社会由于生产力水平高度发达和没有剥削，人们的物质文化生活普遍达到很高的水平。

天津图书馆藏　名录04487

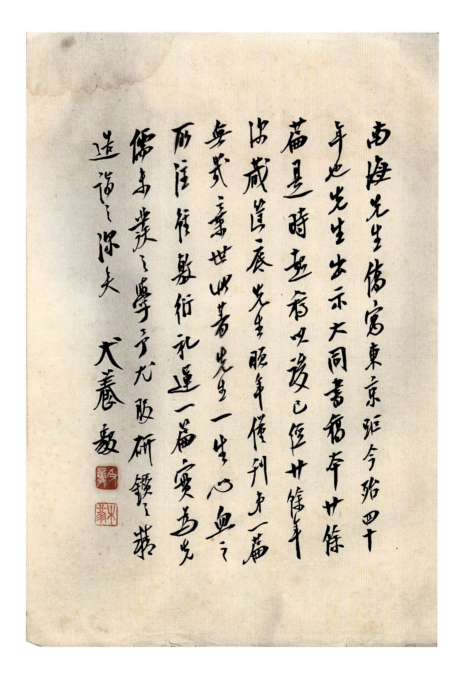

春秋

《春秋》是鲁国的编年史，是儒家经典之一。孔子在删订《春秋》时，下笔非常慎重，每一个字都包含了一种价值判断，表明了孔子对事件、对人物的褒贬，这就是"春秋笔法"。孟子说："孔子作《春秋》而乱臣贼子惧。"《春秋》里还包含有许多微言大义，为我们治国理政提供借鉴。汉代大儒董仲舒在《春秋繁露》中，引述子夏言："有国家者，不可不学《春秋》。不学《春秋》，则无以见前后旁侧之危，则不知国之大柄，君之重任也。"

辭從變從義而一以奉人仁人錄其同姓之禍
固宜異孫晉春秋之同姓也驪姬一謀而三君
死之天下所共痛也本其所為為之者蔽於所
欲得位而不見其所難也春秋疾其所蔽故去其
位辭徙言君之子當貴矣何以兄之位為欲居之以
國君之子當貴矣何以兄之位為欲居之以
至此乎云爾錄所痛之辭也故痛之中有痛無
罪而受其死者申生奚齊卓子是也惡之中有
惡者已立之已殺之不得如他臣之弒君者齊
公子商人是也故晉禍痛而齊禍重春秋傷痛

而勤重是以奪晉子繼位之辭與齊子成君之
號詳見之也古之人有言曰不知來視諸往今
春秋之為學也道往而明來者也然而其辭體
天之微故難知也弗能察寂（蒙一作）若無能察之
無物不在是故為春秋者得一端而多連之見
一空而博貫之則天下盡矣魯僖公以亂即位
而知親任季子季子無惡之時內無臣下之亂
外無諸侯之患行之二十年國家安寧季子卒
之後魯不支隣國之患宣乞師楚耳僖公之情
非輒不肖而國衰益危者何也以無季子也以

春秋繁露十七卷　（漢）董仲舒撰　宋嘉定四年（1211）胡槻江右計台刻本

　　董仲舒以《公羊春秋》為依據，吸收法家、道家、陰陽家思想，形成了一個新的思想體系，確立了"天人感應"的宗教思想觀念，把儒家思想歸納為"仁、義、禮、智、信"，並作為社會生活的基本道德準則，對後世儒學發展和"獨尊儒術"的統治思想的形成起了重要作用。

孝经

"百善孝为先"，中华文化最重要的精神内涵之一就是孝道。"孝"是儒家伦理思想的核心内容，"孝，德之本也"。《孝经》维系规范着中国社会、家庭、个人的道德准则，如"子欲养而亲不待""父慈子孝""忠孝两全"等等，无不体现了中国孝道的深刻内涵和外延。

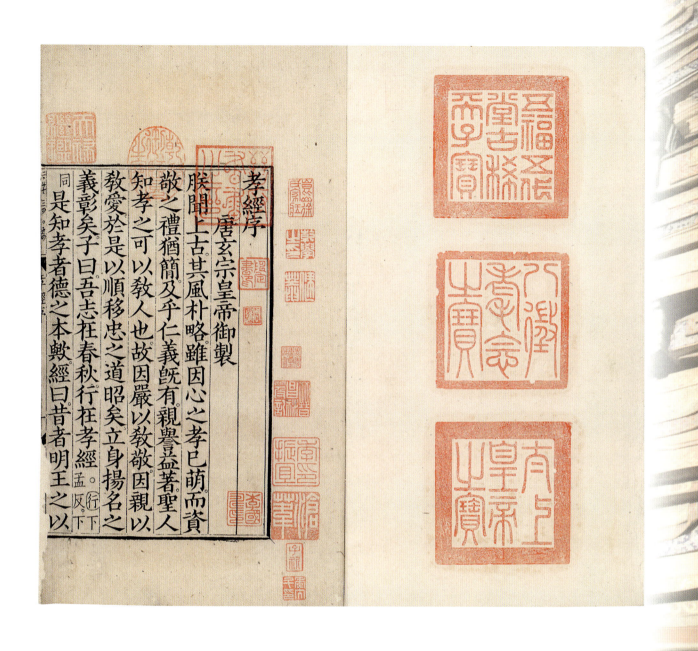

孝经一卷　（唐）玄宗李隆基注　（唐）陆德明音义　元岳氏荆溪家塾刻本

本书宣扬孝道，视不孝为罪孽。认为孝是天经地义之常理，处理伦理关系之准则，也是治家治国之根本。"君子之事亲孝，故忠可移于君；事兄悌，故顺可移于长；居家理，故治可移于官"，将孝道与天道相联系，赋之以天命外衣。

大学

《大学》原为《礼记》中的一篇，朱熹将它与《中庸》《论语》《孟子》合为"四书"。因其为初学者入德之门，故列"四书"之首。《大学》提出"三纲领"——明明德、亲民、止于至善和"八条目"——格物、致知、诚意、正心、修身、齐家、治国、平天下。强调修己是治人的前提，修己的目的是为了治国平天下，说明治国平天下和个人道德修养的一致性。

习近平指出："中国古代历来讲格物致知、诚意正心、修身齐家、治国平天下。从某种角度看，格物致知、诚意正心、修身是个人层面的要求，齐家是社会层面的要求，治国平天下是国家层面的要求。我们提出的社会主义核心价值观，把涉及国家、社会、公民的价值要求融为一体，既体现了社会主义本质要求，继承了中华优秀传统文化，也吸收了世界文明有益成果，体现了时代精神。"

中庸

《中庸》一书的重点是中庸之道，"致中和，天地位焉，万物育焉"。中庸之道包括"中"与"和"两个方面。所谓"中"就是不偏不倚，无过无不及，要求做事恰到好处。所谓"和"就是调和、温和与和解，就是与人为善，反对粗暴和乖戾。中庸之道对中国社会和人们的行为准则有很大影响。

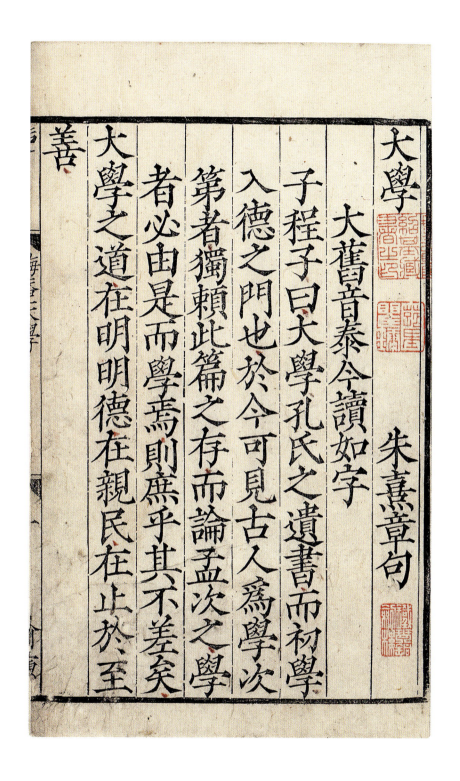

大學　朱熹章句

大舊音泰今讀如字

子程子曰大學孔氏之遺書而初學
入德之門也於今可見古人爲學次
第者獨賴此篇之存而論孟次之學
者必由是而學焉則庶乎其不差矣

大學之道在明明德在親民在止於至
善

四书章句集注二十八卷　（宋）朱熹撰　宋嘉定十年（1217）当涂郡斋刻嘉熙四年（1240）淳祐八年（1248）十二年递修本

《大学》与《中庸》《论语》《孟子》合称"四书"。《大学》本为《礼记》中的一篇，着重论述了个人道德修养与社会治乱的关系，以明明德、亲民、止于至善三纲领为修养目标。又提出实现三纲领的八个步骤，即格物、致知、诚意、正心、修身、齐家、治国、平天下。

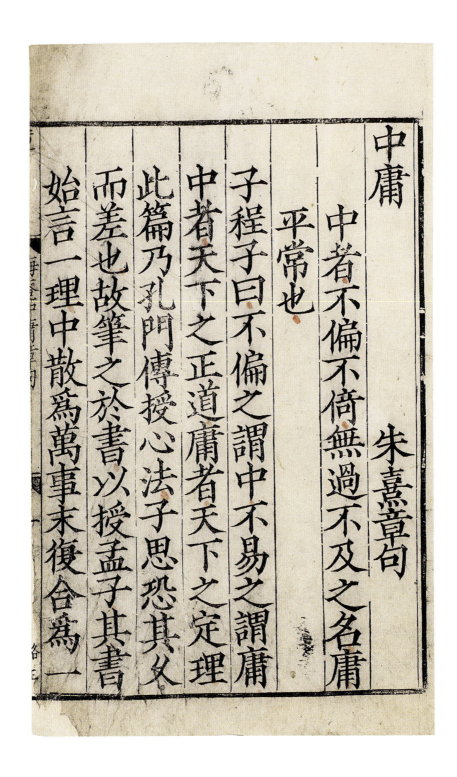

四书章句集注二十八卷　（宋）朱熹撰　宋嘉定十年（1217）当涂郡斋刻嘉熙四年（1240）淳祐八年（1248）十二年递修本

　　《中庸》阐述了"过犹不及"的"中庸"思想，要求人们努力追求达到"和而不流""中立不倚"。认为仁的本质就是人道，以"智、仁、勇"为通行天下的美德，并以此作为修身、治人、治天下国家的基本所在，提出"博学之，审问之，慎思之，明辨之，笃行之"的方法。

国家图书馆藏　名录00320

论语

《论语》是孔子的思想学说的集合，其核心是"仁"。"夫仁者，己欲立而立人，己欲达而达人"。仁的本义是爱人，视人如己，推己及人，"己所不欲，勿施于人"。数千年来，由个人修身的"仁"，推及治国平天下的"仁"，这种精神早已渗透到中华民族的血液中，使中华文化崇尚亲和友善，具有强大的包容性。在与其他文化交流中，和平共处，交流互鉴，不断融合发展。《论语》含有大量修身、治国的理念，其中的"三人行，必有我师焉"，"君子和而不同，小人同而不和"，"为政以德"等等，千百年不断被传诵和实践。

孟子

孟子继承和发展了孔子的"仁"和德治思想，从"仁义"道德出发推演出"仁政"的政治方案。他把民心向背看作政治成败的关键，导出"得民心者得天下"的论断。他鼓励生产，主张给民众以"恒产"，使民安居乐业。孟子认为，治理国家必须以礼乐教化，而不能用强制、暴力的手段，不要霸道，要实行王道，要"老吾老，以及人之老；幼吾幼，以及人之幼"，"乐民之乐者，民亦乐其乐；忧民之忧者，民亦忧其忧"。

杏坛图

《东家杂记》　（宋）孔传撰　宋刻递修本

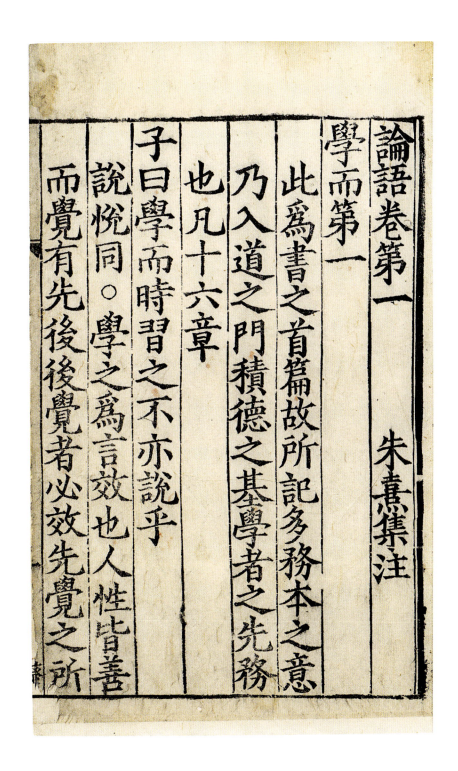

論語卷第一　　　朱熹集注

學而第一

此為書之首篇故所記多務本之意乃入道之門積德之基學者之先務也凡十六章

子曰學而時習之不亦說乎

說悅同。學之為言效也人性皆善而覺有先後後覺者必效先覺之所

四书章句集注二十八卷　（宋）朱熹撰　宋嘉定十年（1217）当涂郡斋刻嘉熙四年（1240）淳祐八年（1248）十二年递修本

《论语》是孔子的弟子记录孔子言行的著作，儒家重要经典。成书于战国初期，内容相当广泛，多半涉及修身、教育、为政治国理念等问题，较为集中地反映了孔子"仁"的思想，是研究孔子思想的重要资料。

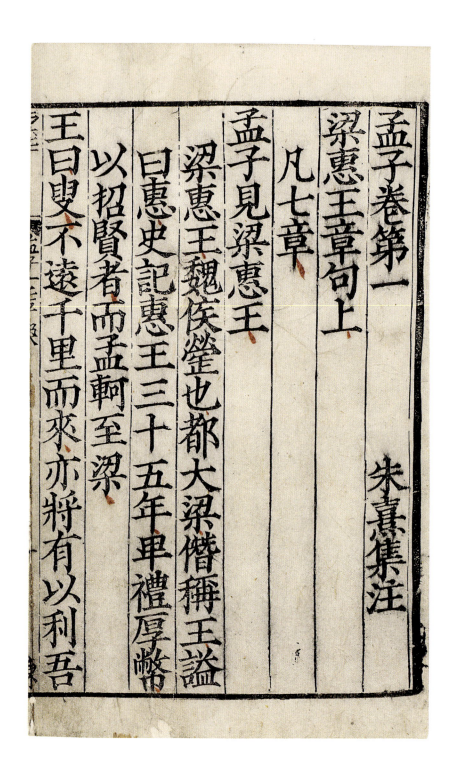

四书章句集注二十八卷　（宋）朱熹撰　宋嘉定十年（1217）当涂郡斋刻嘉熙四年（1240）淳祐八年（1248）十二年递修本

孟子主张天人合一，人性本善，并将道德规范概括为仁、义、礼、智四德，强调道德修养是政治的根本。他继承并发展了孔子的"仁"和德治思想，从"仁义"道德出发推演出"仁政"的政治方案，提出"得民心者得天下，失民心者失天下"的论断。

国家图书馆藏　名录00320

横渠四句

北宋张载继承和发挥了孔子的教育思想，认为一个人求知为学，为人做官，都必须"立其志""正其志"，"人若志趣不远，心不在焉，虽学无成"。他也特别强调"学贵有用""经世致用"，教育的最终目的是注重道济天下，利济众生，"为天地立心，为生民立命，为往圣继绝学，为万世开太平"。

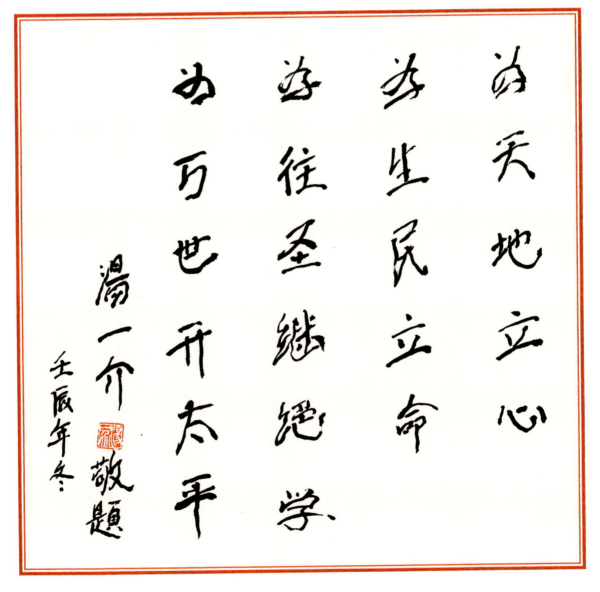

汤一介为《中国文化书院导师文集》题词

王守常主编　任远、任重选编：《师道师说·任继愈卷》　北京：东方出版社　2013年

不知也成事不說遂事不諫既往不咎此皆
言其不可救且言有淺深事已成何須說事
已遂不可復諫止既往何必咎之
近臣守和和平也和其心以備顧對不可徇其
喜怒好惡
紅紫不以為褻服近身衣也以紅紫為之不宜
也非為以間色而賤之雖褻服不用也禮服
非止用五色之正雖間色亦有為之者
審武子其愚不可及也言非所取也無道則愚
近於詐不可學也

攻乎異端攻難闢之義也觀孔子未嘗攻異端
也道不同謂之異端若孟子自有攻異端之
事故時人以為好辨
雖小道必有可觀者也若
言必信行必果是也小人反中庸亦是此
類甚多小道非為惡但致遠恐泥信果者亦
謂士之次反中庸而無忌憚者自以為是然
而非中庸所謂小道之小耳非直謂惡
笙鏞以間謂東西鏞磬間作也
樂言拊者大凡雜音謂之拊獨者為擊笙鏞鍾

张子语录三卷后录二卷 （宋）张载撰　宋天台吴坚福建漕治刻本（有抄配）

本书为张载的讲学记录。张载一生治学、讲学，为宋理学四大派之一。书中涉及哲学、教育等多方面内容，认为"人本无心，因物为心"，而"见物多，穷理多，如此可尽物之性"，"穷理即是学也，所观所求皆学也"，对教学方法、修养方法也多有论述。

及復入身來自能尋向上去下學而上達也〔聖賢〕

垂訓多言端求其百歸則不過欲存此心而已矣不煩馳則學問日進於高明矣○朱子曰孟子

求放心乃開示切要之言程子又發明之曲盡百學者宜服膺而勿失也

李篇顏問每常遇事即能知操存之意無晝時如

何存養得熟曰古之人耳之於樂目之於禮左

右起居盤盂几杖有銘有戒動息皆有所養今

皆廢此獨有理義之養心耳但存此涵養意久

則自熟矣敬以直内是涵養意〔本子顏問字端伯程子門人也彼問〕

養心本兼動靜但此答無事時如何存養得熟

故曰但存涵養意久則自熟敬則心存于中無

所越逸即涵養之意

呂與叔嘗言患思慮多不能驅除曰此正如破

屋中禦寇東面一人來未逐得西面又一人至

矣左右前後驅逐不暇蓋其四面空疎盜固易

入無緣作得主定又如虛器入水中水何能入若

以一器實之以水置之水中水何能入來蓋中

有主則實實則外患不能入自然無事〔誠存則邪閉矣〕

近思录集解十四卷　（宋）叶采撰　元刻明修本

《近思录》为南宋理学家朱熹和吕祖谦合编的理学入门书，从宇宙生成的世界本体到孔颜乐处的圣人气象，循着格物穷理，存养而意诚，正心而迁善，修身而复礼，齐家而正伦理，以至治国平天下及古圣王的礼法制度，然后批异端而明圣贤道统，全面阐述了理学思想的主要内容。

千古聖人只有這些子又曰人生一世惟有這件事

問惟精惟一是如何用功先生曰惟一是惟精主意惟精是惟一工夫非惟精之外復有惟一也精字從米姑以米譬之要得此米純然潔白便是惟一意然非加春簸篩揀惟精之功則不能純然潔白也春簸篩揀是惟精之功然亦只要此米到純然潔白而已博學審問慎思明辯篤行者皆所以為惟精而求惟一也他如博學文者即約禮之功格物致知者即誠意之功道問學即尊德性之功明善即誠身之功無二說也

知者行之始行者知之成聖學只一箇工夫知行不可分作兩事

漆雕開曰吾斯之未能信夫子說之子路使子羔為費宰子曰賊夫人之子曾點言志夫子許之聖人之意可見矣

問寧靜存心時可為未發之中否先生曰今人存心只定得氣當其寧靜時亦只是氣寧靜不可以為未發之中曰未便是中莫亦是求中工夫曰只要去人欲存天理方是工夫靜時念去人欲存天理動時念去人欲存天理不管寧靜不寧靜若

传习录三卷续录二卷　（明）王守仁撰　明嘉靖三十三年（1554）刻本

本书为明代理学家王守仁的语录和论学书信，阐述了格物致知、知行合一、心物合一、天人合一、与天地万物为一体的哲学思想。书中还提出了"无善无恶心之体，有善有恶意之动，知善知恶是良知，为善去恶是格物"的"四句教"。

殺於晉文王至武帝革命之際而山濤薦之入仕紹時屏
居私門欲辭不就濤謂之曰為君思之久矣天地四時猶
有消息而況於人乎一時傳誦以為名言而不知其敗義
傷教至於率天下而無父者也夫紹之於晉非其君也忘
其父而事其非君當其未死三十餘年之間為無父之人
亦巳久矣而乘輿敗績之事而可樹其忠名以蓋於晚之自
豈卽以來而大義之不明徧於天下卽山濤者既為邪說
之魁遂使稽紹之賢且犯天下之不韙而不顧夫邪正之
說不容兩立使謂紹為忠則必謂王裒為不忠而後可也
何怪其相率臣於劉聰石勒觀其故主青衣行酒而不以
動其心者乎是故知保天下然後知保其國保國者其君
其臣肉食者謀之保天下者匹夫之賤與有責焉耳矣

宋世風俗

宋史言士大夫忠義之氣至於五季變化殆盡宋之初興
范質王溥猶有餘憾藝祖首褒韓通次表衛融以示意嚮
真仁之世田錫王禹偁范仲淹歐陽修唐介諸賢以直言
讜論倡於朝於是中外薦紳知以名節為高廉恥相尚盡
去五季之陋故靖康之變志士投袂起而勤王臨難不屈
所在有之及宋之亡忠節相望嗚呼觀哀平之可以變而
為東京劉上九之言碩果也陽窮於上則復生於下矣
俗也

日知录三十二卷 　（清）顾炎武撰　清刻本

顾炎武继承了中国古代朴素唯物主义的传统，批判宋明唯心主义理学，提出了"经学即理学"的著名命题。他提倡读书、务实，经世致用，把学术研究和解决社会问题联系起来，反对泥古不变。顾炎武强调要以国家大事为己任，提出"保天下者，匹夫之贱，与有责焉耳矣"。

第二单元　以史为鉴　本固民安

习近平指出："历史是最好的老师。在漫长的历史进程中，中华民族创造了独树一帜的灿烂文化，积累了丰富的治国理政经验，其中既包括升平之世社会发展进步的成功经验，也有衰乱之世社会动荡的深刻教训。""治理国家和社会，今天遇到的很多事情都可以在历史上找到影子，历史上发生过的很多事情也都可以作为今天的镜鉴。"

中华史学典籍丰富多彩，所谓"国有史，郡有志，家有谱"，以"二十四史"为代表的正史、万余种存世方志和公私收藏数万计的家谱，共同构成了华夏民族历史的三大基柱。正史记王朝兴替，方志为郡县资政，家谱载家族传世，这些官私并修的历史典籍，从中央朝廷到地方郡县，从天潢贵胄到闾阎百姓，把国家、社会、家族乃至个人的兴衰荣辱紧紧串连在一起，构成华夏民族共有的家国记忆。龚自珍曾说"欲灭人之国，必先去其史"，历史的文化认同作用不容小觑。"前事不忘，后事之师"。以史为镜，可以明得失、知荣辱、观成败、鉴兴替。

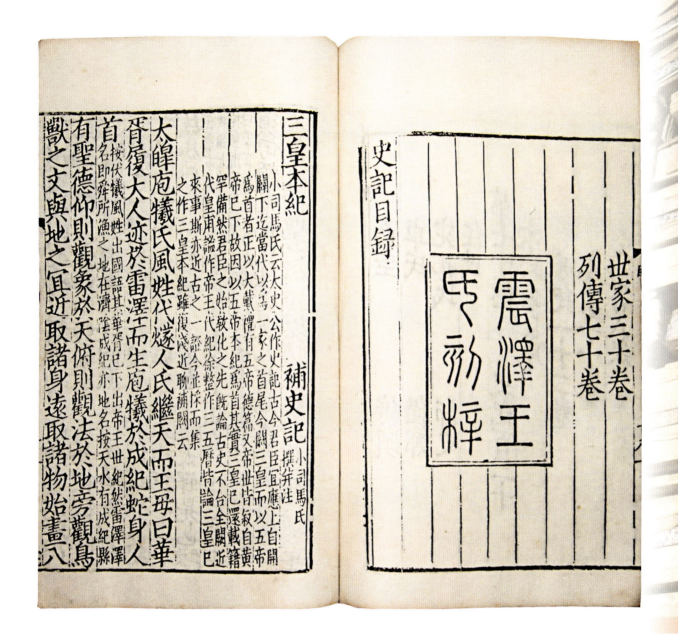

史记一百三十卷　（汉）司马迁撰　（南朝宋）裴骃集解　（唐）司马贞索隐　（唐）张守节正义　明嘉靖四至六年（1525—1527）王延喆刻本

中国第一部纪传体通史，起于黄帝，止于汉武帝时期，开创了以本纪、世家、列传为主，书、表相辅的编纂体例，对后世史书编纂影响很大。全书规模宏大，体制完备，记叙详实，内容丰富，成为人们研究汉武帝以前中国历史的重要典籍。

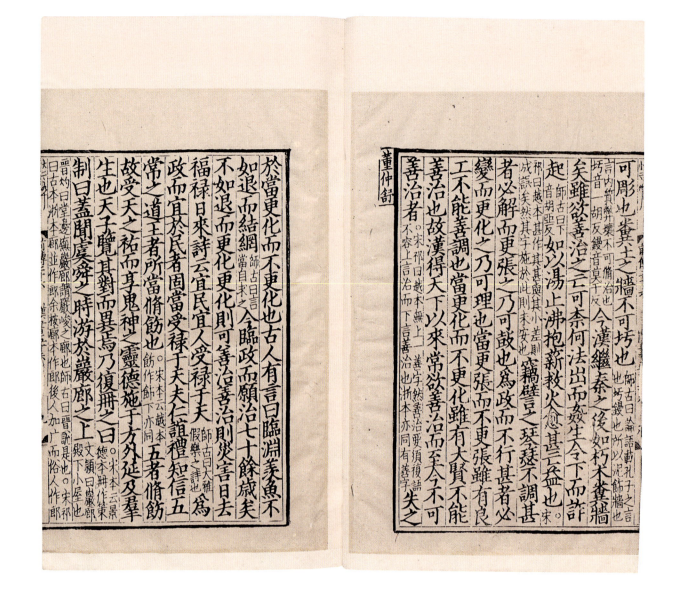

汉书一百卷　（汉）班固撰　（唐）颜师古注　宋蔡琪家塾刻本（卷二十九、四十五至四十七、五十六至五十七上、八十六、八十八、九十九配另一宋刻本）

　　本书是我国第一部纪传体断代史。班固去世后，汉和帝命其妹班昭和马续补撰。书中保存的西汉史料十分丰富，展现了始于高祖、终于王莽的兴衰历史变迁。

国家图书馆藏　名录00404

正史、方志、家谱的起源都可以追溯到上古时期，三者史料来源经常参照互用。正史以帝王传记为纲领，通常由宫廷史官记录撰写，大别于民间野史，故其权威性自不待言。方志公认具有"补史之缺、参史之误、详史之略、续史之无"的存史功能。社会制度之委曲隐微不见于正史者，往往于方志中得其梗概；前代人物不能登名于正史者，往往于方志中得其姓氏；方志多详于族姓分合，门第隆衰，往往可与家谱等史实互证。家谱中的人物传记、行状、墓志、年谱等，对研究历史人物及其家世大有帮助。一些少数民族家谱，是研究民族史不可多得的重要资料。家谱还是地方文献的重要组成部分，通常方志中的选举、职官、人物、户籍、祠宇、碑记、艺文等，在家谱中往往能见其身影。

附正史、方志、家谱体例内容对照表

三大史源	体例内容
正史	本纪、表、书、志、世家、列传等。
方志	地理、沿革、疆域、里至、分野、建置、职官、兵备、大事记、户口、田赋、物产、关税、风俗、方言、寺观、金石、古迹、祥异、仕宦、科举、人物、流寓、艺文等。
家谱	谱序、题辞、凡例、谱引、领谱字号、恩荣录、像赞、迁徙源流、祖墓、家规家训、世系图、家传、事略、契约、艺文、跋等。

后汉书九十卷　（南朝宋）范晔撰　（唐）李贤注　志三十卷　（晋）司马彪撰　（南朝梁）刘昭注　宋钱塘王叔边建阳刻本（卷四十下配另一宋刻本）

　　本书是纪传体东汉史。范晔以《东观汉记》为主要依据，参考众家之长，删繁补缺，自订体例，撰为此书。唐代以本书与《史记》《汉书》并称"三史"，其他各家纪传体东汉史书遂渐湮没。

監修國史推誠守節保運功臣特進守司空兼門下侍郎同中
書門下平章事上柱國譙國公食邑五千戶食實封四百戶臣
劉昫　等奉勅修

皇
奉　勅提督南畿學政山西道監察御史餘姚聞人詮校刻
　　　蘇州府儒學訓導門人嘉興沈桐同校

高祖

高祖神堯大聖光孝皇帝姓李氏諱淵甚先隴西狄道人凉武昭王
暠七代孫也暠生歆歆生重耳仕魏爲弘農太守重耳生熙熙爲金門
鎮將領豪傑鎮武川因家焉儀鳳中追尊宣皇帝熙生天錫仕魏爲
幢主大統中贈司空儀鳳中追尊光皇帝皇祖諱虎後衛左僕射封
隴西郡公與周文帝及太保李弼大司馬獨孤信等以功紊佐命當
時稱爲八柱國家仍賜姓大野氏周受禪追封唐國公諡曰襄至隋
文帝作相還復本姓武德初追尊景皇帝廟號太祖陵曰永康皇考

唐书二百卷　（后晋）刘昫等撰　明嘉靖十八年（1539）闻人诠刻本

本书是现存最早系统记录唐代历史的一部史籍，后人为区别北宋欧阳修等人编修的《唐书》，改名《旧唐书》。书中收录大量诏疏与政论文章，反映了时代风貌。

国家图书馆藏

47

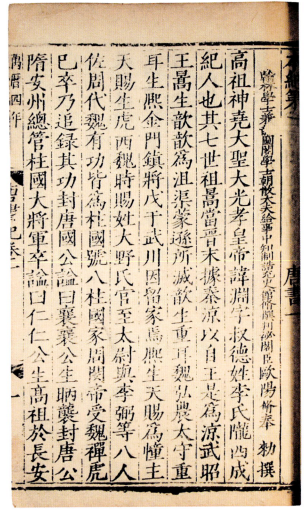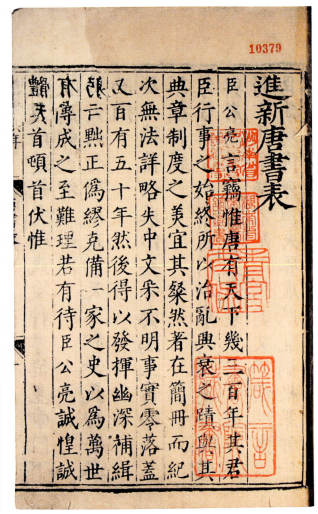

唐书二百二十五卷　（宋）欧阳修、宋祁等撰　释音二十五卷　（宋）董冲撰　元大德九年（1305）建康路儒学刻明清递修本

本书全面系统地记载了唐代历史，亦称《新唐书》。在创新体例和充实内容等方面，继承了《史记》《汉书》的传统，恢复设表，并增补了大量史料，尤其是晚唐人物列传和史事。

湖南图书馆藏　名录07071

鉴古知今

中国有悠久的修史传统，史官制度远在商周时期就已经出现，甲骨文中记载商代史官为"史""作册""尹"。春秋以后，不仅王室有史官，各诸侯国也设史官专门负责修史。司马迁提出"述往事，思来者"，"稽其成败兴坏之理"，指出修史的目的是总结过往治乱兴衰的经验教训，找出规律性的认识。《十六国春秋》有言："前车之覆轨，后车之明鉴。"唐太宗时修《隋史》，"览前王之得失，为在身之龟镜"，吸取隋亡教训，开创"贞观之治"。北宋司马光主持纂修《资治通鉴》，目的是"鉴于往事，有资于治道"。这些表明，只有总结和吸取历史经验教训，才能更好地治理国家。

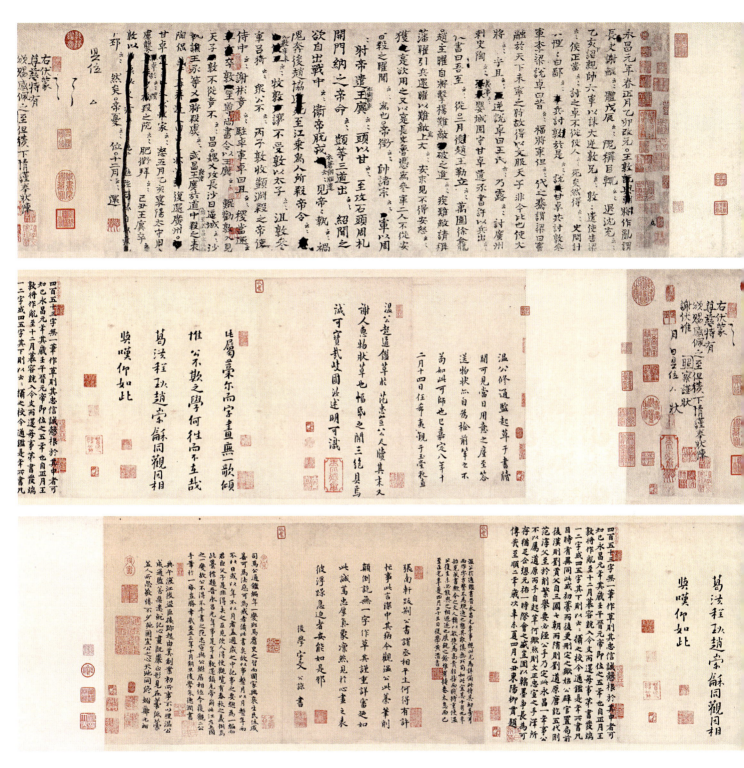

资治通鉴残稿 （宋）司马光撰 稿本 任希夷、赵汝述、葛洪、程珌、赵崇龢、柳贯、黄潜、宇文公谅、朱德润、郑元祐跋

《资治通鉴》于北宋元丰七年（1084）成书，神宗以其"鉴于往事，有资于治道"，故有本名。全书上起战国，下迄五代，被誉为"鉴前世之兴衰，考当今之得失"的经典史书，是中国传统史学代表性著作之一。

国家图书馆藏　名录00444

毛泽东点评"二十四史"

任继愈先生曾说："毛泽东是新中国的主要缔造者，他又是一位热爱历史、熟悉历史的领导人。他善于总结历史，善于从读史中得到解决现实问题的启发。"早在青年时代，毛泽东就开始阅读"二十四史"。1952年，他添置了武英殿本"二十四史"，开始有计划地系统阅读。他读的比较多的是"前四史"及《晋书》《南史》《北史》《旧唐书》《新唐书》等。有的看了很多遍，《旧唐书》《新唐书》从头到尾都有批注、圈点和勾画。通过阅读"二十四史"，他从中寻求治理国家的启示、经验和教训。毛泽东的通识和卓见，同自身渊博的历史知识是分不开的。

实事求是

"实事求是"一词，最早出自《汉书·河间献王传》："修学好古，实事求是。"意为做学问要注重事实根据，才能得出正确结论。曾国藩作为湖湘学派的代表，发扬经世务实的传统，创造性地将"实事求是"由考据学命题转变为哲学认识论命题，这对毛泽东产生了深刻的影响，他在抗战期间多次引用这个成语，并从马克思主义辩证唯物论及认识论的哲学高度赋予"实事求是"新的哲学内涵。"实事求是"成为毛泽东思想的精髓和共产党的思想路线，树立了批判地继承中国古代哲学思想，实现马克思主义哲学中国化的光辉典范。

1943年，毛泽东为中共中央党校手书"实事求是"四个大字，作为党校的校训。

古代廉政文化

我国古代廉政文化具有深刻的思想内涵和广博的历史底蕴，《周礼》就曾明确提出考察官吏的"六廉"标准：廉善、廉能、廉敬、廉正、廉法、廉辨。

历史长河中，清官循吏浩若繁星，杨震、诸葛亮、魏徵、包拯、范仲淹、海瑞、于成龙等孜孜求治，廉洁奉公，在天地间留下浩然正气，成为万世楷模。然而历史上的贪官亦不绝如缕，伯嚭、李林甫、蔡京、阿合马、严嵩、魏忠贤、和珅之辈，"汲汲于名，役役于利"，聚敛财货不择手段，留给历史的只有万世骂名。

廉则兴，贪则衰。治乱循环的历史现象一再证明，腐败蔓延，国家就有危亡之虞；廉政肃贪，国家才能长治久安。正如习近平同志指出的，考察我国历史上反腐倡廉的成败得失，可以给人以深刻启迪，有利于我们运用历史智慧推进反腐倡廉建设。

四知先生

东汉名臣杨震，在任东莱太守时，其门生王密以十金相赠，说："天黑，无人知晓。"杨震义正辞严道："天知，神知，我知，子知。何谓无知者？"后来转任涿郡太守，他的家人仍然布衣粗食，生活俭朴。一些朋友劝他为子孙后代置办产业，杨震说："使后世子孙称为清白吏子孙，以此遗之，不亦厚乎？"杨氏这一清廉俭朴家风对后世影响极大，至今杨氏家族所修家谱大多仍以"四知堂"为号。

因保養之勤縁恩放恣聖子女伯榮出入宮掖傳通姦略震
上疏曰臣聞政以得賢爲本理以去穢爲務
國者如農夫之務去草焉是以唐虞後父在官四凶流放天下咸服以致雍
熙之時産庶績咸熙也
有九德蕘時庶績咸熙也
而無厭溷之勤
天下禎淫淸朝塵黷
而無厭溷之心不知紀極
阿母王聖出自賤微得遭千載奉養聖躬雖有推
燥居溼之勤
日嬖而得愛
夫女子小人近之喜遠之怨
欲恣驕奢弟之
情幾至危國狀後加討春秋貶之以爲失敎
爲難養

大將軍鄧隲聞其賢而辟之舉茂才四遷荊州刺史東萊太
守當之郡道經昌邑
爲昌邑令謁見至夜懷金十斤以遺震震曰天知神知我知子知何
謂無知密曰暮夜無知者震曰
知故人何也密愧而出後轉涿郡太守性公廉不受私謁子孫常
蔬食步行故舊長者或欲令爲開産業震不肯曰使後世稱
爲淸白吏子孫以此遺之不亦厚乎元初四年徵入爲太僕
遷太常先是博士選舉多不以實震擧薦明經名士陳留楊
倫等
顯傳學業諸儒稱之永甯元
年代劉愷爲司徒明年鄧大后崩內寵始橫安帝乳母王聖

方志资政

唐韩愈有诗："愿借图经将入界,每逢佳处便开看。"图经就是方志的别称。方志是详细记载一地的地理、沿革、风俗、教育、物产、人物、名胜、古迹以及诗文、著作等的史志,不仅是有关自然科学的"博物之书",而且是一地社会科学的"一方之全书"。在现代,地方志被誉为"地方百科全书"。方志分门别类,取材丰富,为研究历史,特别是地方史的重要参考资料,具有"资治、教化、存史"三大功能,是地方官员施政必备之书。

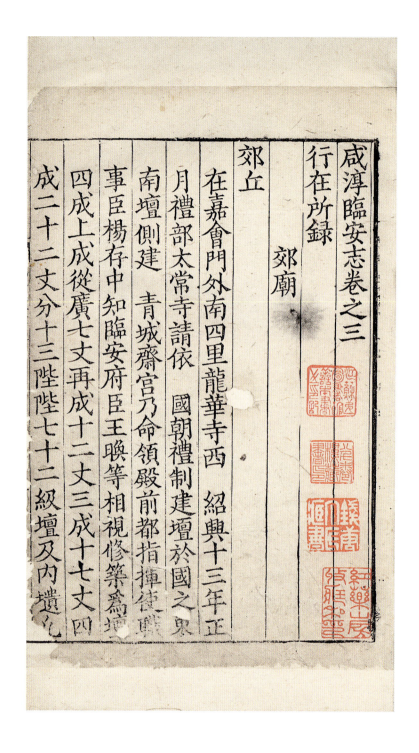

成二十二丈分十三陛陛七十二級壇及內壝
四成上成從廣七丈再成十二丈三成十七丈四
事臣楊存中知臨安府臣王㬠等相視修築爲壇
南壇側建　青城齋宮乃命領殿前都指揮使職
月禮部太常寺請依　國朝禮制建壇於國之東
在嘉會門外南四里龍華寺西　紹興十三年正
郊丘

郊廟

咸淳臨安志卷之三

　　咸淳临安志一百卷　（宋）潜说友纂修　宋咸淳刻本（目录、卷一至二、五至十、十三至十九、三十二至五十、五十六至六十三、六十五至八十九、九十一至九十七配清鲍氏知不足斋抄本）　周广业校并跋　沈炼校跋并题诗　丁丙跋

　　本书为南宋著名"临安三志"中保存最完整、体例最完善的杭州地方志，征材宏富，考辨精审，条理秩然，保存了有关南宋的大量史料。

南京图书馆藏　名录00563

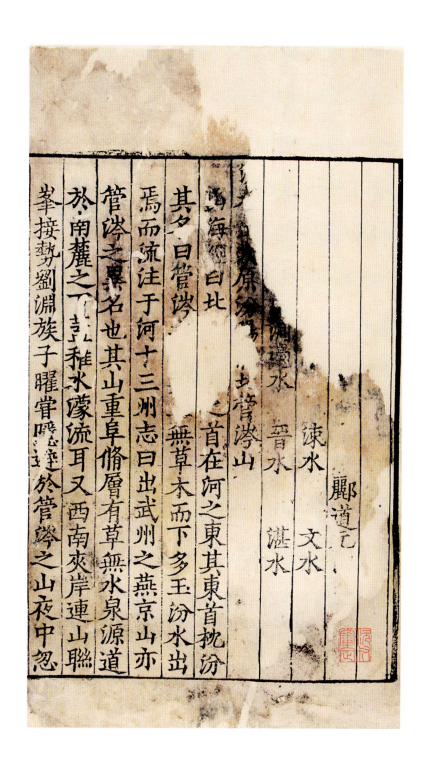

水经注四十卷　（北魏）郦道元撰　宋刻本　袁克文跋　存十二卷（五至八、十六至十九、三十四、三十八至四十）

　　本书是对《水经》的注释，也是魏晋南北朝时期成就最大、贡献最突出的地志著作。全书以水道为纲，记载了各个流域的自然地理和人文地理概况，涉及水文、地形、地质、植被、动物、关隘、交通、人物、政区沿革、聚落兴衰、历史事件、神话传说等内容。

家谱继世

家谱，亦称族谱、宗谱、家乘等等，是系统记述某一同宗共祖的血缘集团世系人物或兼及其他方面情况的历史图籍，内容包括记录家族来源、世系、婚姻、文化等历史过程。家规、家训作为规范宗族子弟的行为准则，是家谱和家传的重要组成部分。由于中国传统政治思想、伦理思想特别强调修身、齐家与治国、平天下的密切联系，所谓"忠厚传家久，诗书继世长"，以"整齐门内，提撕子孙"为目的的家训，历来受到人们的重视，并成为中华民族传统文化宝库中最具特色的部分。

良好的家风、家训能教育后辈关于修身、齐家、处事、为学等学问，还能够维系人心、辅翼世道。"孟母三迁""画荻教子"的故事至今广为流传，《颜氏家训》《朱子家训》等备受推崇，其中"蒙以养正"等思想，在今天仍有积极意义。"天下之本在国，国之本在家"，流传千年的家国情怀奠定了国人修身、齐家的道德修养和行为准则。

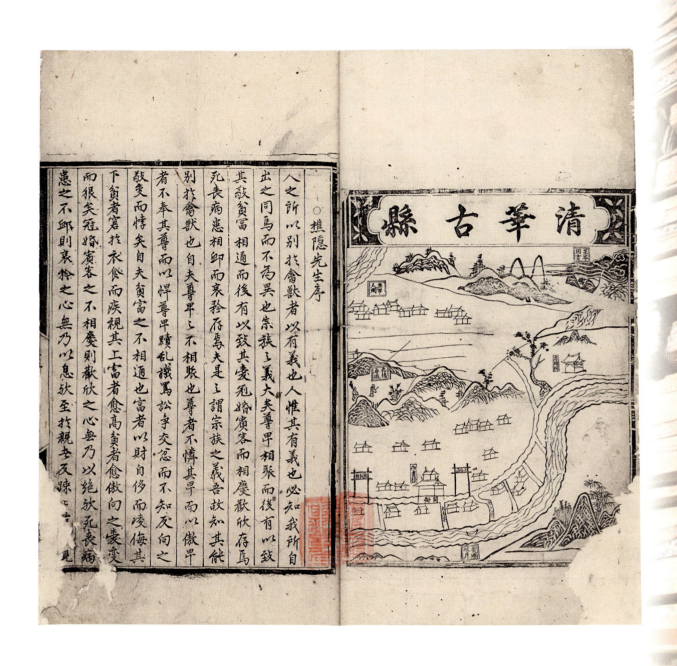

清华胡氏族谱六卷 （明）胡尚仁、胡天民等纂修 明天顺二年（1458）家刻本

清华为唐代婺源古邑治所在地。东晋大兴间，胡氏先祖始迁新安。唐光启三年（887），御史中丞、散骑常侍胡学徙居婺源清华，为清华胡氏始迁祖，此后逐渐绵衍为冠盖蝉联、朱紫相仍的簪缨世家。通常认为，"绩溪四胡"中的龙川胡氏（名人有胡富、胡宗宪等）和金紫胡氏（名人有胡舜陟、胡存、胡秉虔等）与清华胡氏系出同宗。

所服禁童子之暴謔則師友之誡不如傅婢之

指揮止凡人之鬭鬩則堯舜之道不如寡妻之

誨諭吾望此書爲汝曹之所信猶賢於傅婢寡

顏　三三

妻爾

吾家風教素爲整密昔在齠齔便蒙誘誨每從

兩兄曉夕溫凊規行矩步安辭定色鏘鏘翼翼

若朝嚴君焉賜以優言問所好尚勵短引長莫

不懇篤年始九歲便丁荼蓼家塗離散百口索

然慈兄鞠養苦辛備至有仁無威導示不切雖

讀禮傳微愛屬文頗爲凡人之所陶染肆欲輕

言不備邊幅年十八九少知砥礪習若自然卒

難洗蕩二十已後大過稀焉每常心共

口敵性與情競夜覺曉非今悔昨失自憐無教

以至於斯追思平昔之指銘肌鏤骨非徒古書

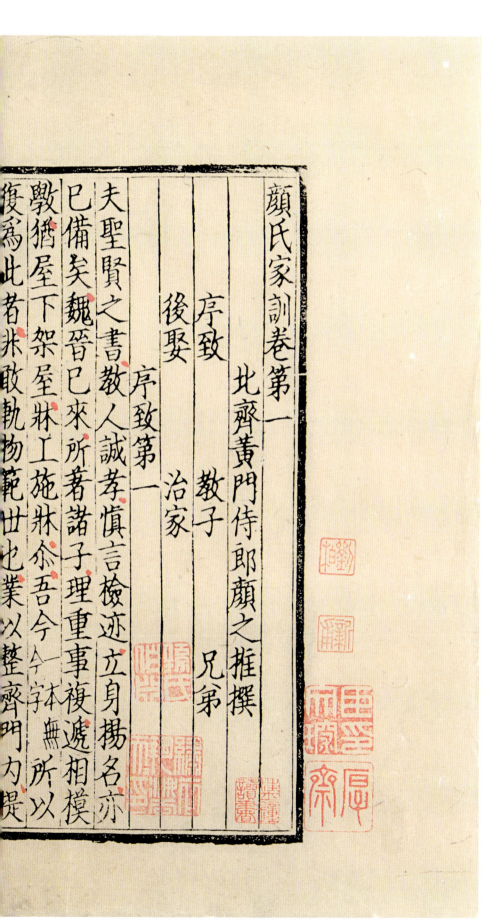

颜氏家训卷第一

北齐黄门侍郎颜之推撰

序致

教子

后娶　治家

兄弟

序致第一

夫圣贤之书教人诚孝慎言检迹立身扬名亦
已备矣魏晋已来所著诸子理重事复递相模
斅犹屋下架屋床上施床耳吾今所以复为此
者非敢轨物范世也业以整齐门内提

颜氏家训七卷　（北齐）颜之推撰　附考证一卷（宋）沈揆撰　元刻本　何焯、钱大昕、孙星衍、黄丕烈跋

本书是我国第一部有完整体系的家训，主要内容为告诫子孙后代立身、治家之法。全书集儒、释、道于一体，既述治家之法、处世之道，又对南北风俗、士人好尚、治学作文方法、音韵字训、典故考证等有独到见解。书中对于传统知识和传统道德教育的叙述，时至今日仍能给人以深刻的启迪。

上海图书馆藏　名录00752

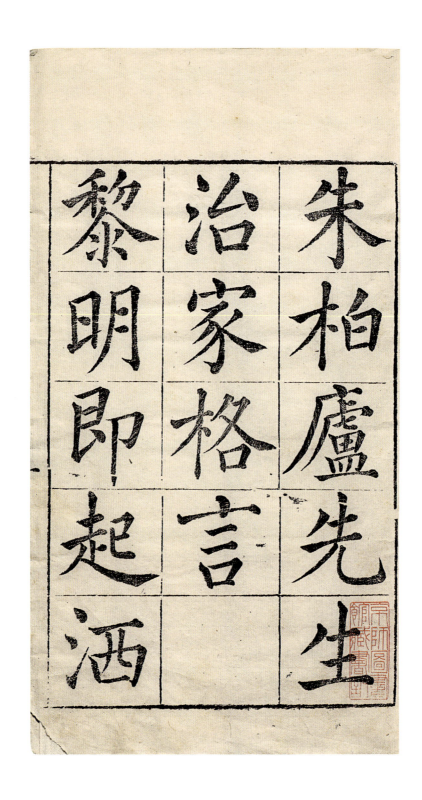

朱柏庐先生治家格言　（清）朱用纯撰　（清）丁日昌书　清同治七年（1868）刻本

朱柏庐是明清之际著名理学家和教育家。本书是他在教育方面的代表作之一，文字平易亲切，朗朗上口，宣讲了修身治家之道，流传很广。

国家图书馆藏

第三单元　百家争鸣　百技竞长

在中国思想和文化史上，春秋战国是最为辉煌灿烂、群星闪烁的时代之一。以儒、墨、道、法、阴阳、名、纵横、杂、兵、小说诸家为代表，"蜂出并作，各引一端，崇其所善，以此驰说，取合诸侯"。出现了诸子百家学术争鸣的空前盛况。这些具有开创性贡献的学术大师，其成果堪称中国思想文化发展的重要源泉，奠定了中华文明中思想文化部分的基础。文化思想的活跃，也极大地促进了中国古代科学技术的进步，举凡农业、天文历法、数学、医学、工艺等诸多方面的成就均处于当时世界领先水平，尤以造纸术、火药、印刷术、指南针四大发明对世界贡献最大。这些先进科技成果凝聚着中华民族的集体智慧，也丰富了古代人的精神世界和物质生活。

中华文明历史悠久，从先秦子学、两汉经学、魏晋玄学，到隋唐佛学、儒释道合流、宋明理学，经历了数个学术思想繁荣时期。在漫漫历史长河中，中华民族产生了儒、释、道、墨、名、法、阴阳、农、杂、兵等各家学说，涌现了老子、孔子、庄子、孟子、荀子、韩非子、董仲舒、王充、何晏、王弼、韩愈、周敦颐、程颢、程颐、朱熹、陆九渊、王守仁、李贽、黄宗羲、顾炎武、王夫之、康有为、梁启超、孙中山、鲁迅等一大批思想大家，留下了浩如烟海的文化遗产。中国古代大量鸿篇巨制中包含着丰富的哲学社会科学内容、治国理政智慧，为古人认识世界、改造世界提供了重要依据，也为中华文明提供了重要内容，为人类文明作出了重大贡献。

——习近平在哲学社会科学工作座谈会上的讲话

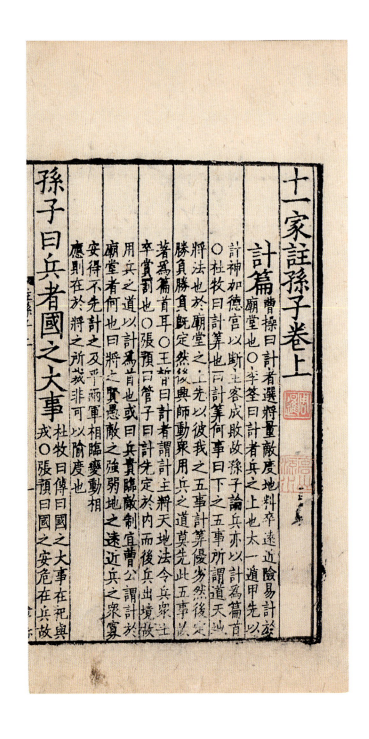

十一家注孙子三卷　（汉）曹操、（唐）杜牧等撰　十家注孙子遗说一卷　（宋）郑友贤撰　宋刻本

《孙子》又称《孙子兵法》，是现存最古老的军事理论著作。该书对后世影响深远，历代都有注疏。《十一家注孙子》刊于宋代，汇集了北宋及以前注释《孙子》的众家之说，为阅读和研究《孙子》提供了极大的便利。

国家图书馆藏　名录00618

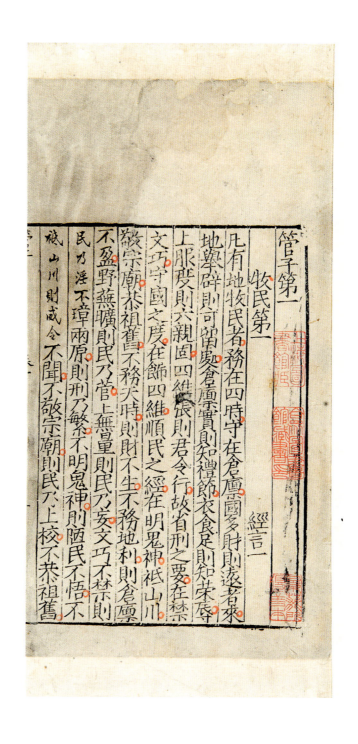

管子二十四卷　明刘氏安正书堂刻本　冒广生、郭沫若跋

《管子》是战国时期各学派的言论汇编，内容庞杂，包括法家、儒家、道家、阴阳家、名家、兵家和农家的观点，传说是春秋时期管仲的著作。本书礼法并重，主张法治的同时也提倡用道德教化来进行统治，具有很高的史学价值。

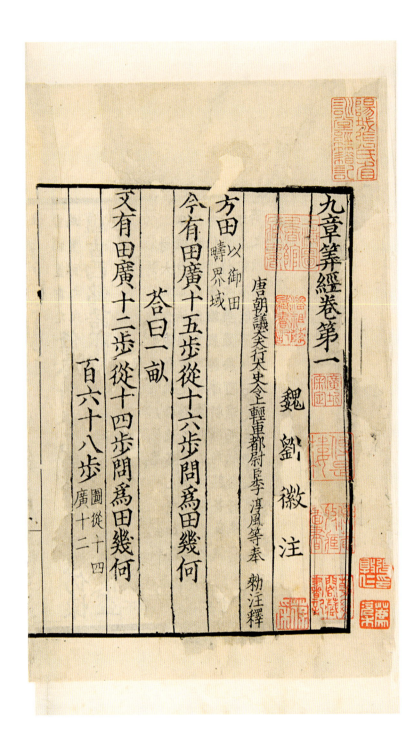

九章筭经九卷　（晋）刘徽注　（唐）李淳风等注释　宋嘉定六年（1213）鲍澣之汀州刻本　存五卷（一至五）

又称《九章算术》，是中国传统数学最重要的著作之一，构筑了中国乃至东方数学的基本框架。现传本成书于汉代，分9章，共收有246个数学问题。自问世以来，不少学者纷纷为其注疏，其中刘徽注、李淳风等注释与《九章筭经》一体行世。早在唐代，朝廷就将其列为教科书。

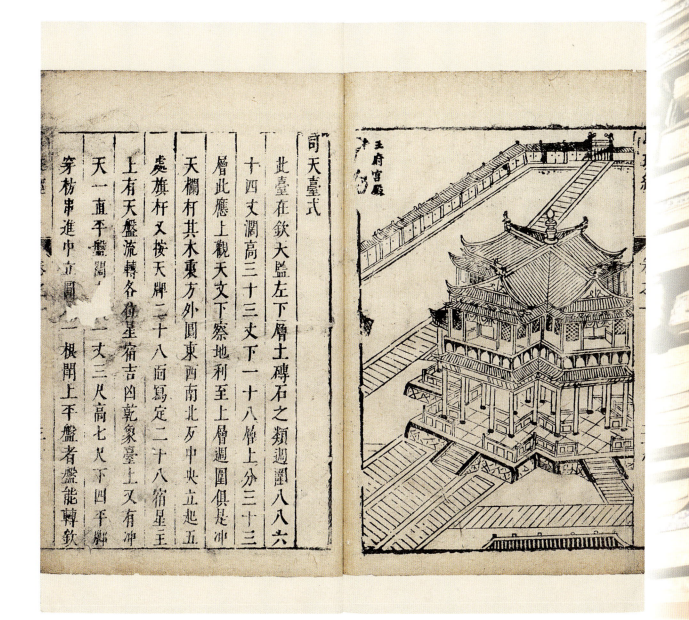

司天臺式

此臺在欽天監左下層土磚石之類週圍八八六十四丈闊高三十三丈下一十八層上分三十三層此應上觀天文下察地利至上層週圍俱是冲天欄杆其木東方外圓東西南北卯中央立起五處旗杆又按天牌二十八面寫定二十八宿星王上有天盤流轉各停星宿吉凶乾象臺上又有冲天一直平盤闊一丈三尺高七尺下四平輪穿枋串進中立圓一根闋上平盤者盤能轉欽

新镌京板工师雕斫正式鲁班经匠家镜三卷　（明）午荣、章严撰　明末刻本

简称《鲁班经》，是明清匠师间流传的关于房屋建造和木工制作的书籍。本书附有多幅图样，对于研究民间匠师的业务范围、施工顺序，民间建筑形制的因革，判断遗物年代等，都有参考价值。书中记述了不少家具、农具等生活用具的式样和尺度，是研究明代生活用具的重要文献，其中的算盘式样为我国珠算发展史提供了重要史料。

国家图书馆藏

老庄之道

《老子》和《庄子》是道家学派的代表作，分别体现了道家思想发展的两个阶段。《老子》提倡"道法自然"，认为理想的治国方法就是"清静无为"，提出"以百姓之心为心"的政治智慧和"天下难事必作于易，天下大事必作于细"的务实精神。书中的"祸莫大于不知足，咎莫大于欲得。故知足之足，常足矣"，"见素抱朴，少私寡欲"等内容对今天的施政者仍具有重要的警示意义。

《庄子》与《老子》一脉相承，又有所发展，对宇宙、自然及天与人之间的关系均有论述和领悟，具有超越时代的生命力。"君子之交淡若水，小人之交甘若醴，君子淡以亲，小人甘以绝"至今仍然在人际交往中被广为引用，而"吾生也有涯，而知也无涯"更是被后世演绎成为学习励志的名言。

事常於其幾成而敗之愼終如始則无敗事
是以聖人无為故无敗无執故无失民之從
禍亂也
私欲自无而有從微至著去道日遠以召
遠有為者敗其自然執著喪其本真故
里之行始於足下為者敗之執者失之
豪字成字古本。凡事從小成大由道至
合抱之木生於豪末九成之臺起於累土千
之於未有上也治之於未亂次也
判而散之不去也然猶愈於既成也故為
曰方其未有持而謀之足矣及其將然非
亂於未甚之時也此皆端本澄源之意
其脆易泮其微易散禍亂之義謂攻理私欲
理而為之於私欲禍亂未有之時也次釋
此先釋其未安易持其未兆易謀之義謂循
為之乎其未有治声平之乎其未亂枯
禍亂方芽猶易分散也
未兆之時亦易為謀慮也設若私欲方萌
推之天下國家方安之時易為持守禍亂
謀之豈為難事謀者慮其有難也由此而

老子道德经古本集注二卷 （宋）范应元撰 宋刻本（有抄配） 缪荃孙、沈曾植、杨守敬、邓邦述、章钰、王闿运跋

《老子》又称《道德经》，出自周朝史官老子之手，"历记成败、存亡、祸福、古今之道"，是道家的重要经典。历代学者研讨、考释《老子》的著作很多，宋范应元所撰《老子道德经古本集注》，依据释解《老子》古本三十余家，援引旧说十余家，兼容并收，是《道德经》古本之集大成者。

纂图互注南华真经十卷　（晋）郭象注　（唐）陆德明音义　明初刻本

原称《庄子》，唐天宝元年（742），诏号庄子为"南华真人"，尊称《庄子》为《南华真经》，正式成为道教经典之一。现仅存西晋郭象所编辑注释的33篇，后期不少释义本均是根据郭象注本。书中包含有不少先秦时期的自然科学知识，且在哲学、文学上都有较高的研究价值。

国家图书馆藏

荀子·勸學（宋刻本 楊倞注）

不登高山，不知天之高也；不臨深谿，不知地之厚也；不聞先王之遺言，不知學問之大也〔謂人有益於人也〕。干越夷貊之子，生而同聲，長而異俗，教使之然也〔干越，吳越也。貊，東北夷。呂氏春秋荆有佽飛得寶劍於干越。高誘曰：吳越猶言吳越也。啅聲同。貊莫革反〕。詩曰：嗟爾君子，無恒安息，靖共爾位，好是正直，神之聽之，介爾景福〔詩小雅小明之篇。靖，謀；共，恭也。好正直之道，則神聽而助之福。引此詩以勸學故神莫大焉，脩身則無禍故福莫長焉自道〕。神莫大於化道，福莫長於無禍，則吾嘗終日而思矣，

不如須史之所學也。吾嘗跂而望矣，不如登高之博見也〔跂舉踵也〕。登高而招，臂非加長也，而見者遠；順風而呼，聲非加疾也，而聞者彰。假輿馬者，非利足也，而致千里；假舟楫者，非能水也，而絕江河〔絕過也〕。君子生非異也，善假於物也〔皆以喻脩身在假於學也，與衆人同也〕。南方有鳥焉，名曰蒙鳩〔鳩鷦鷯也〕，以羽為巢，而編之以髮，繫之葦苕。風至苕折，卵破子死，巢非不完也，所繫者然也〔蒙鳩鷦鷯也，苕葦之秀也。今巧婦鳥之果詿精密，多繫於葦竹之上是也。今蒙當爲茂方誋〕

荀子二十卷　（唐）楊倞注　宋刻本　顧廣圻跋

戰國後期儒家學派最重要的著作，現存32篇。全書涉獵極廣，總結和吸收了當時諸子百家的理論主張，是荀子學術思想的集大成之作。書中重視後天教育和個人自身的努力，很多經典論斷至今仍然是金玉良言。

韩非子

　　韩非是法家"法""术""势"思想结合之集大成者。《韩非子》由55篇文章结集而成，是韩非思想精华的总结，也是法家的代表性著作。《韩非子》认为历史是在变化着的，提倡通过变法而达到一个理想的社会。他主张建立统一的中央集权封建国家，同时提倡以法治国，把"奉法"作为治乱兴亡的关键，认为国家不会永远富强，亦不会长久贫弱，执行法度的人坚决，国家就会富强，执行法度的人软弱，国家就会贫弱。《韩非子》的思想对秦汉以来中央集权制度的确立和发展产生了重大影响。

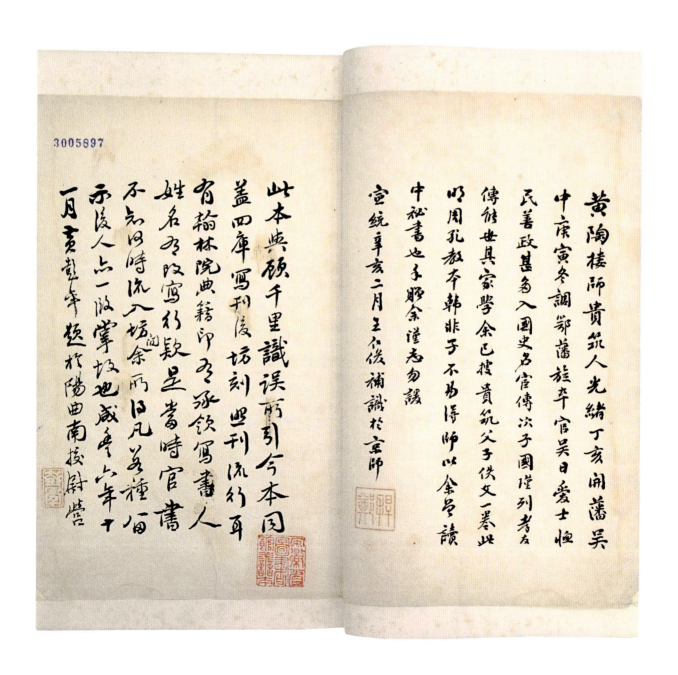

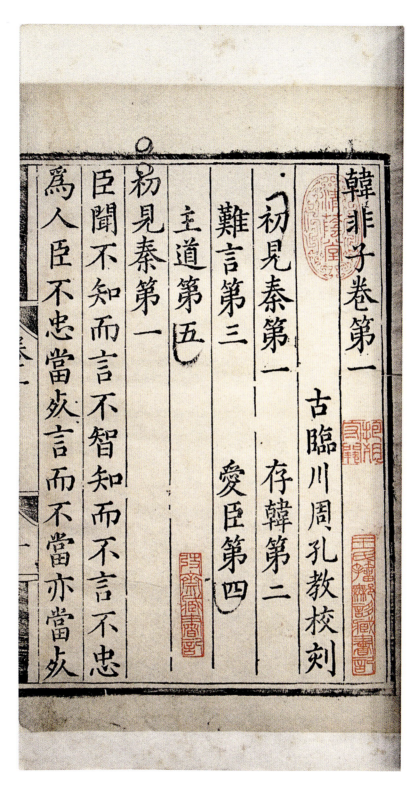

韓非子二十卷　明万历周孔教刻本［四库底本］　王仁俊、黄彭年题识

《韩非子》是法家的代表作。韩非善于用大量浅显的寓言故事和丰富的历史知识作为论证依据，说明抽象的道理，不仅可以用来补正现存史书的不足，且成为许多成语典故的出处。

墨子

墨翟创立的墨家学派，在战国时期与儒家并列为"显学"。墨者多来自社会下层，以"兴天下之利，除天下之害"为目的，其思想核心是"兼爱"，"天下兼相爱则治，交相恶则乱"，只有"兼相爱、交相利"，才有可能出现"强不执弱，众不劫寡，富不侮贫，贵不傲贱，诈不欺愚"的太平盛世。主张尚贤、尚同，反对儒家所强调的社会等级观念。法律上强调"赏当贤，罚当暴"，反对徇私。提倡节用、节葬，反对厚葬靡财、奢侈逸乐。痛恶当时的兼并战争，提出"非攻"的主张。墨家是一个有领袖、有学说、有组织的学派，有强烈的社会实践精神。墨者吃苦耐劳、严于律己，把维护公理与道义看作是义不容辞的责任，代表了当时中下层劳动者的利益。

墨子
卷
六

非之且焉有善而不可用者姑嘗兩而進之誰以為二士
使其一士者執別使其一士者執兼是故別士之言曰吾
豈能為吾友之身若為吾身為吾友之親若為吾親是故
退睹其友飢即不食寒即不衣疾病侍養死喪不葬埋
別士之言若此行若此兼士之言不然行亦不然曰吾聞
為高士於天下者必為其友之身若為其身為其友之親
若為其親然後可以為高士於天下是故退睹其友飢則食
之寒則衣之疾病侍養之死喪葬埋之兼士之言若此行若
此若之二言相非而行相反與當使若二士者言必
信行必果使言行之合猶合符節也無言而不行也然即
敢問今有平原廣野於此被甲嬰冑將往戰死生之權未

可識也又有君大夫之遠使於巴越齊荆往來及否未及
否未可識也然即敢問不識將惡也家室奉承親戚提挈
妻子而寄託之不識於兼之有是乎於別之有是乎我以
為當其於此也天下無愚夫愚婦雖非兼者必寄託之
於兼之有是也此言而非兼擇即取兼即此言行拂也不
識天下之士所以皆聞兼而非之者其故何也
之士非兼者之言猶未止也曰意可以擇士而不可以擇
君子姑嘗兩而進曰吾使其一君者執兼使其一君者
之士姑嘗別而進兼誰以為二君者執別是故別君之言
君子姑嘗此恭非天下之情也人之生乎地上之無幾何也
譬之猶馳駟而過隙也是故退睹其萬民飢即不食寒即

墨子十五卷　明嘉靖三十一年（1552）芝城铜活字蓝印本　黄丕烈校并跋

《墨子》存世53篇，是墨家学派的著作总集。除了墨家思想，书中所记载的一些器械、设施的结构和制作工艺，对后世的军事等方面产生了重大影响。书中涉及的针孔成像、光影关系、杠杆原理等反映了我国早在春秋战国时期就已经有了相当先进的科技知识。

在5000多年文明发展进程中，中华民族创造了高度发达的文明，我们的先人们发明了造纸术、火药、印刷术、指南针，在天文、算学、医学、农学等多个领域创造了累累硕果，为世界贡献了无数科技创新成果，对世界文明进步影响深远、贡献巨大，也使我国长期居于世界强国之列。

——习近平在中国科学院第十七次院士大会、中国工程院第十二次院士大会上的讲话

农书

"重农固本，是安民之基"。中国以农业立国，农耕文明长期居于世界领先水平，农业典籍亦对世界产生了重要影响。北魏贾思勰所著《齐民要术》，系统总结了6世纪以前黄河中下游地区农牧业生产、加工制作经验等，对中国古代农学的发展产生了重大影响，也是世界农学史上最早的专著之一，受到世界范围内农业科学家的高度重视。后世农书如元司农司《农桑辑要》、王祯《农书》，明徐光启《农政全书》，清鄂尔泰《授时通考》等均受其影响。书中记载的许多知识和指导思想对今天的农业生产仍旧具有实用价值。

耕图

织图

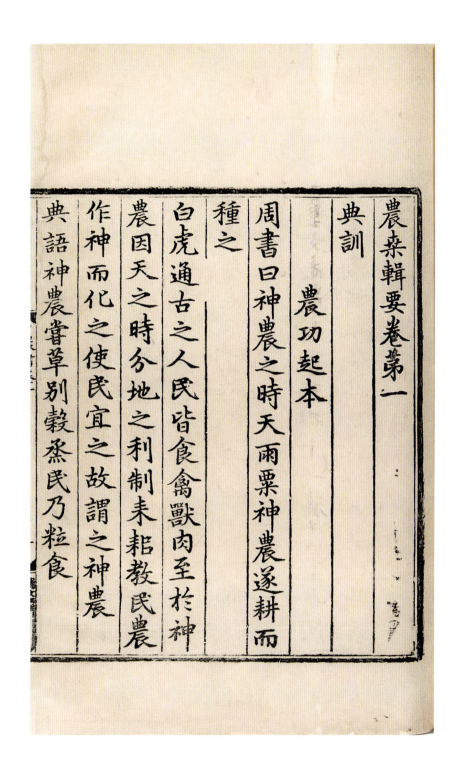

農桑輯要卷第一

典訓

農功起本

種之

周書曰神農之時天雨粟神農遂耕而

白虎通古之人民皆食禽獸肉至於神

農因天之時分地之利制耒耜教民農

作神而化之使民宜之故謂之神農

典語神農嘗草別穀蒸民乃粒食

农桑辑要七卷 （元）大司农司撰 元后至元五年（1339）杭州路刻明修本（明补版若干叶）

元代综合性农书，内容以北方农业为对象，农耕与蚕桑并重。成书于元世祖至元十年（1273），后颁发各地指导农业生产，在当时是一本实用性较强的农书。书中很多内容虽引自前代，但在北方地区精耕细作和栽桑养蚕等技术方面又有所提高和发展。

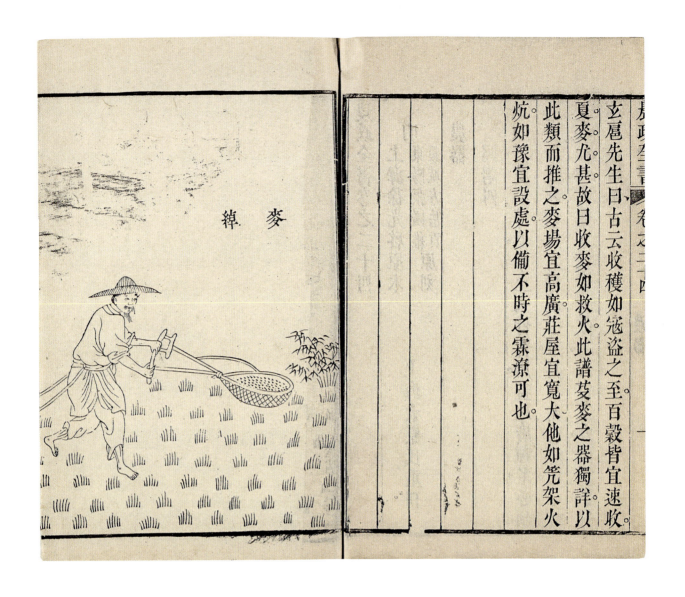

农政全书六十卷　（明）徐光启纂辑　清道光二十三年（1843）上海王氏刻本

《农政全书》分农本、田制等十二类，对农业生产的政策、制度、生产技术、水利等作了全面的论述。书中辑录大量古代农业文献，加以评注，兼收西方科技知识，成为我国古代农业科学集大成之著作。

国家图书馆藏

医学宝库

习近平指出："中医药学是中国古代科学的瑰宝,也是打开中华文明宝库的钥匙。"中医药学的起源和发展相当久远,成书于公元前 2 世纪的《黄帝内经》,集医理、医论、医方于一体,标志着以阴阳五行、整体观念等中国哲学思想为特点的中医学理论的确立,奠定了其后2000多年中国医药学发展的理论基础。

《本草纲目》是李时珍在继承和总结以往中医学成就的基础上,结合自身经验和调查研究,历时27年编成的本草学集大成巨著,对推动中医药学的进步具有举世瞩目的贡献。2011年《黄帝内经》《本草纲目》入选联合国教科文组织《世界记忆遗产名录》。

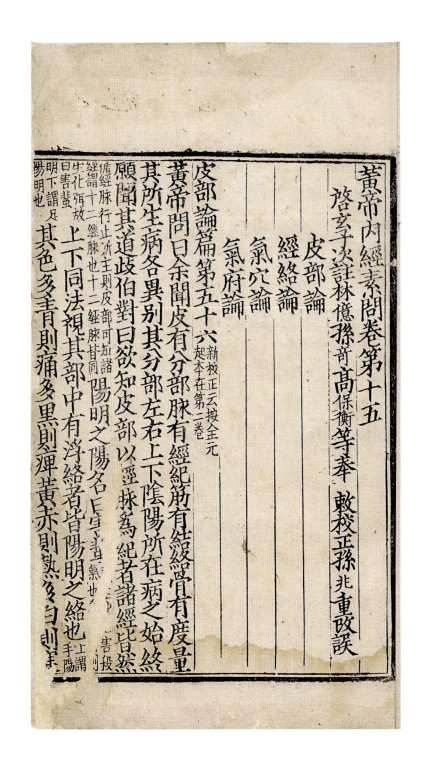

黄帝内经素问二十四卷　（唐）王冰注　（宋）林亿等校正　（宋）孙兆改误　亡篇一卷　金刻本　存十三卷（三至五、十一至十八、二十，亡篇）

《黄帝内经》包括《素问》和《灵枢》两部分，是现存最早的中医学奠基之作。该书全面系统地总结了先秦医学理论和实践经验，奠定了其后2000多年中国医药学发展的理论基础，并产生了深远的影响，古代日本、朝鲜、越南等国均将其视为主要的医学经典著作。

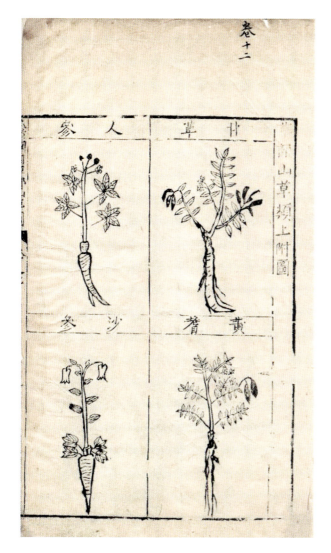

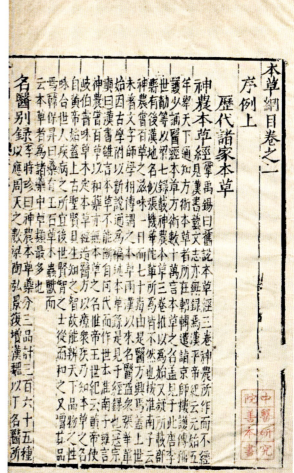

本草纲目五十二卷首一卷附图二卷 （明）李时珍撰 （明）李建中、李建元校正 明万历
二十一年（1593）金陵胡承龙刻本

《本草纲目》详细记载并考证了1892种药物的形态、产地、功效等内容，收录方剂万余服，改进
了传统的药物分类法，是中国古代药学史上篇幅最大、内容最丰富的药学巨著。自明万历二十一年刊
刻后，遂成为后世许多药学著作的资料源泉，并被翻译成日、英、德、俄等多国文字在全世界传播。

中国中医科学院图书馆藏　名录01798

屠呦呦与"青蒿素"

2015年10月，中国中医科学院研究员屠呦呦以"有关疟疾新疗法的发现"（即"青蒿素"），获得2015年诺贝尔生理学或医学奖。该药研发成功得益于东晋葛洪《肘后备急方》记载的"青蒿一握，以水二升，渍绞取汁，尽服之"，科研人员从中悟出青蒿当需生用，不作煎煮，避免其有效成分破坏，从而提取了抗疟单体"青蒿素"。屠呦呦在诺贝尔奖报告会上演讲时说："通过抗疟药青蒿素的研究经历，深感中西医药各有所长，二者有机结合，优势互补，当具有更大的开发潜力和良好的发展前景。"

2011年9月23日，中国中医科学院终身研究员屠呦呦在美国纽约举行的拉斯克奖颁奖仪式上领奖。

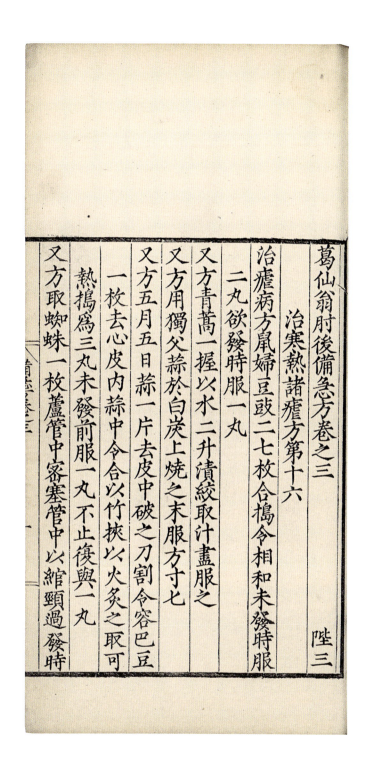

葛仙翁肘後備急方卷之三

治寒熱諸瘧方第十六

治瘧病方鼠婦豆豉二七枚合擣令相和末發時服
二丸欲發時服一丸

又方青蒿一握以水二升漬絞取汁盡服之

又方用獨父蒜於白炭上燒之末服方寸匕

又方五月五日蒜一片去皮中破之刀割令容巴豆
一枚去心皮內蒜中令合以竹挾以火炙之取可
熱擣爲三丸末發前服一丸不止後與一丸

又方取蜘蛛一枚蘆管中密塞管中以縜頸過發時

陛三

青志卷三

葛仙翁肘后备急方八卷　题（晋）葛洪撰　　（晋）陶弘景增补　明万历二年（1574）李梴刻本

全书共73篇（缺3篇），主要记述各种急性病症的治疗方药、针灸、外治等法。所选方药大多简便有效，起到了普及医疗的作用，同时也反映了我国晋代以前医方及医疗发展的一些成就。书中关于天花等传染病的论述是我国古代医学文献中最早的记载。

国家图书馆藏

匠心百工

"百工"在这里是中国古代手工业及手工业劳动者的总称。《周礼·考工记》曰："国有六职，百工与居一焉。"西周时各种具有专业技艺的工匠被网罗官府之中，成为"在官之工"。千百年来，手工业劳动者凭借着自身的匠心智慧，不断积累理论与实践经验，诞生了诸如《营造法式》等专门性的行业设计制作规范。《梦溪笔谈》《天工开物》等融汇中国古代自然科学、农业、手工业生产技术的"百科全书式"著作，促进了当时的社会发展和手工业的进步；印刷术、指南针、造纸术、火药等发明创造同生产紧密结合，更是为社会生活的各个方面作出了卓越贡献，推进了世界文明前进的脚步。

立下條

諸取圜者以規方者以矩直者抨繩取則立者垂

繩取正横者定水取平

取徑圜

九章算經李淳風注云舊術求圜皆以周三徑一為率

若用之求圜周之數則周少而徑多徑一周三理非精

密蓋術從簡要略舉大綱而言之今依密率以七乘周

二十二而一即徑以二十二乘徑七而一即周

看詳今來諸工作已造之物及制度以周徑為

則者如點墨量大小須矣周內求徑或於徑內

求周若用舊例以圜三徑一方五斜七為據則

踈略頗多今謹按九章算經及約斜長等密率

修立下條

諸徑圜斜長依下項

圜徑七其圜二十有二

方一百其斜一百四十有一

营造法式三十四卷看详一卷　　（宋）李诫撰　清抄本

宋元符三年（1100）将作监奉敕编修，崇宁二年（1103）刊印颁行。本书详细地规定了宋代官式建筑的各种设计标准、制作规程、施工用料及劳动定额等，系统总结了以往营造经验，是了解中国古代建筑及相关学说的重要典籍。

国家图书馆藏

古迁陈氏家藏梦溪笔谈二十六卷 （宋）沈括撰 元大德九年（1305）陈仁子东山书院刻本

本书是沈括根据科学实践和平生见闻所编的笔记体综合著作。全书分故事、辩证、乐律等17门，共载609条，总结了以往的自然科学成就，记录了科学技术方面的杰出发明和创造。书中记述的赋税徭役扰民、宋代北方边备利弊、典制礼仪的演变等社会历史事实，极具参考价值。

国家图书馆藏　名录00756

為之者木理有疎密沾水則高下不平兼
備者旋刻之以草火燒瞬息可成不以木
貼之每韻為一貼木格貯之有奇字素無
以備一板氏有重複者不用則以紙

便是八除者增二便是但一位一因之若
位數少則頻簡捷位數多則愈繁不若乘
除之有常然筭術不患多學見簡即用見
繁即變不膠一法乃為通術也
版印書籍唐人尚未盛為之自馮瀛王始印
五經已後典籍皆為版本慶曆中有布衣
畢昇又為活版其法用膠泥刻字薄如錢
脣每字為一印火燒令堅先設一鐵版其
上以松脂臘和紙灰之類冒之欲印則以
一鐵範置鐵版上乃密布字印滿鐵範為
一板持就火煬之藥稍鎔則以一平板按
其面則字平如砥若止印三二本未為簡
易若印數十百千本則極為神速常作二
鐵板一板印刷一板已自布字此印者纔

凡紙質用楮樹（一名穀樹）皮與桑穰芙蓉膜等諸物者爲皮

紙用竹蘇者爲竹紙精者極其潔白供書文印文柬啟

用粗者爲火紙包果紙所謂殺青以斬竹得名汗青以

煮瀝得名簡即已成紙名乃煮竹成簡後人遂疑削竹

片以紀事而又誤疑韋編爲皮條穿竹札也秦火未經

時書籍繁甚削竹能藏幾何如西番用貝樹造成紙葉

中華又疑以貝葉書經典不知樹葉離根即憔與削竹

同一可哂也

造竹紙

凡造竹紙事出南方而閩省獨專其盛當筍生之後看

視山窩深淺其竹以將生枝葉者爲上料節界芒種則

登山砍伐截斷五七尺長就于本山開塘一口注水其

中漂浸恐塘水有涸時則用竹梘通引不斷瀑流注入

浸至百日之外加功槌洗洗去粗壳與青皮（是名殺青）

竹穰形同苧蘇樣用上好石灰化汁塗漿入楻桶下煮

火以八日八夜爲率凡煮竹下鍋用徑二尺者鍋上泥

與石灰捏弦高闊如廣中煮鹽牢盆樣中可載水十餘

石上盖楻桶其圍丈五尺其徑四尺餘盖定受煮八日

天工開物〈卷中〉　七二

天工开物三卷　（明）宋应星撰　明崇祯十年（1637）自刻本

《天工开物》是中国第一部关于农业和手工业生产的综合性著作，也是世界科技史上的名著。初刊于明崇祯十年，共18章，系统地记述了农业、手工业的生产技术和经验，并附有中国已知最早的造纸工艺流程图在内的123幅图并加以说明。

国家图书馆藏　名录04313

《茶经》与茶文化

中国是茶的故乡，茶文化有着悠久的历史。无论是"柴米油盐酱醋茶"的生活茶、"琴棋书画诗酒茶"的文人茶，还是"丝绸之路"上的商品茶，茶作为中国特色的文化元素都具有丰富而深刻的意义，不仅是国民经济的一个重要组成部分，而且是国际交流中独特的文化使者。

《茶经》是中国古代最早最完备的茶书，系统地总结了唐以前和唐代的茶叶采制和饮用经验，全面论述了有关茶叶起源、历史、生产、饮用等各方面的问题，初步建立了茶学理论体系，传播了茶业科学知识，促进了茶叶生产的发展，开中国茶道之先河。《茶经》还广涉自然科学和人文科学，蕴涵了丰富的哲学思想，具有重要的价值。

唐人宫乐图 绢本

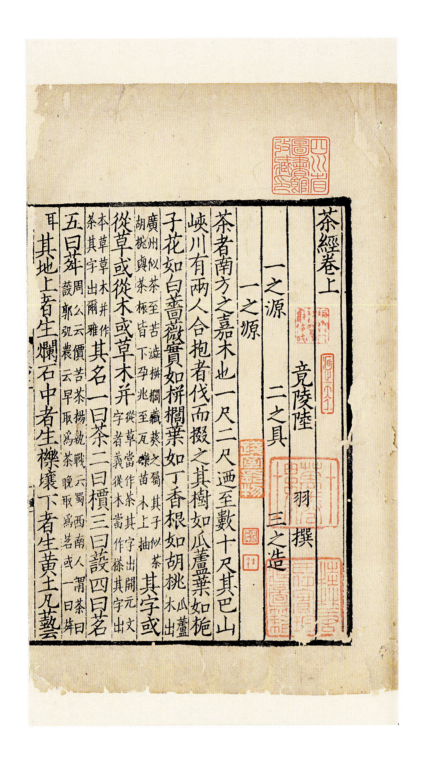

茶经三卷　（唐）陆羽撰　宋刻百川学海本

　　中国第一部茶学专著。分三卷：上卷分茶之源、茶之具、茶之造三部分；中卷为茶之器，主要记述煎茶、饮茶的用具；下卷主要记述茶之煮、茶之饮、茶之事、茶之出、茶之略、茶之图。后世流传版本甚多，并被译成日、英、俄等国文字流传。此书刊刻于南宋咸淳九年（1273），为现存年代最早之本。

第四单元　文学大观　百代风骚

中国古典文学是中华文明的重要组成部分，从《诗经》《楚辞》、汉赋到唐诗、宋词、元曲，讫于四大名著为代表的明清小说，层浪相逐，高潮迭起，一如江河行地，源远流长；又如日月经天，万古长新。一代又一代杰出的文人墨客，饱蘸深情，华章焕彩，唱响盛世元音，引领百代风骚，成为中华民族无比宝贵的文化遗产和世代享用不尽的精神食粮。

古诗文经典已融入中华民族的血脉，成了我们的基因。我们现在一说话就蹦出来的那些东西，都是小时候记下的。语文课应该学古诗文经典，把中华民族优秀传统文化不断传承下去。

——习近平在出访塔吉克斯坦的专机上接受记者访谈时的讲话

嬌姿弱質 百態橫生

集唐 （貼）東郊風物正薫馨 （丑）應喜家山接女星
莫遣兒童觸紅粉 （丑）便教鶯語太丁寧

第十齣　驚夢

〔遶地遊〕（旦）夢迴鶯囀亂煞年光遍人立小庭深院（旦貼）炷盡沉煙抛殘繡線恁今春關情似去年

〔烏夜啼〕曉來望斷梅關宿妝殘（貼）翦不斷理還亂悶無端（旦）已分付催花鶯燕借春看（旦）春香可曾叫人掃除花徑（貼）分付了（旦）取鏡臺衣服來（貼）取鏡臺衣服

〔上〕雲髻罷梳還對鏡羅衣欲換更添香（鏡臺衣）服在此

〔步步嬌〕（旦）裊晴絲吹到閑庭院搖漾春如線停半晌整花鈿沒揣菱花偷人半面迤逗的彩雲偏（行科）步香閨怎便把全身現（貼）今日穿插的好

〔醉扶歸〕（旦）你道翠生生出落的裙衫兒茜艷艷晶晶花簪八寶填可知我一生兒愛好是天然恰三春好處無人見不隄防沉魚落雁鳥驚諠則怕

藏雲步香閨怎把全身現其身服其身而為夢中人所持信知有女懷春吉士迴眸誘之矣
可憐語

牡丹亭巴

牡丹亭四卷　（明）汤显祖撰　（明）茅瑛、臧懋循评　明茅瑛刻套印本

明代传奇剧本，又名《还魂记》，全名《牡丹亭还魂记》，五十五出，据明代话本小说《杜丽娘慕色还魂》改编而成。通过杜丽娘和柳梦梅生死离合的爱情故事，表达了反对封建礼教、追求自由幸福的深刻主题，是中国戏曲史上浪漫主义的杰作。

汤显祖（1550—1616），其戏剧作品《还魂记》《紫钗记》《南柯记》和《邯郸记》合称"临川四梦"或"玉茗堂四梦"。

《诗经》与《楚辞》

以《诗经》为代表的北方文学和以《楚辞》为代表的南方文学，二水分流，"诗""骚"并称，成为中国文学的源头。《诗经》是我国第一部诗歌总集，收集了周初至春秋中叶五百多年间305篇作品，分风、雅、颂三类。孔子以《诗》教授弟子，"诗教"由此成为儒家文化的重要一端。"楚辞"最早渊源于祭祀时的巫歌，其特征是用楚国地方特色的乐调、语言、名物进行创作，后经屈原发扬光大，形成一种句式结构多变、词语铺陈繁复、具有形式美的新文体，直接影响了汉赋的形成，故屈原作品又称"屈赋"。西汉末年，刘向将屈原、宋玉等人之作编成《楚辞》一书。1972年，毛泽东将一部《楚辞集注》作为礼物，赠送给时任日本首相的田中角荣，寓意深邃，见证了中日邦交正常化的历史。

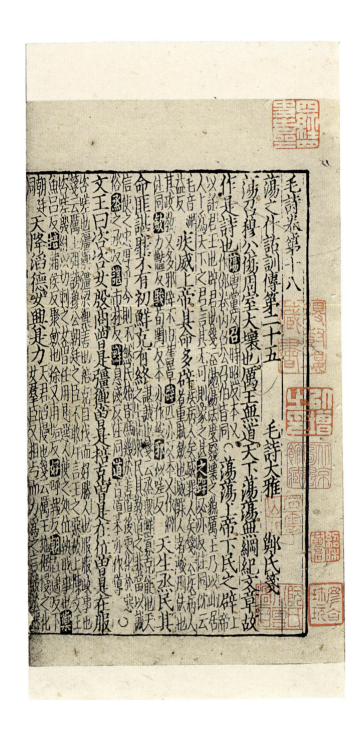

　　毛诗诂训传二十卷　（汉）毛苌传　（汉）郑玄笺　（唐）陆德明释文　宋刻本　查慎行、顾广圻跋　吴荣光题款　存三卷（十八至二十）

　　成书于西汉初年，主要侧重章句训诂。汉代研习《诗经》的有四家，称为"四家诗"，即鲁诗（申培传）、齐诗（辕固传）、韩诗（韩婴传）和毛诗（毛亨、毛苌传）。其中毛诗为古文经学，逐渐取代另外三家，致其逐渐失传。至唐代，"毛传"和"郑笺"成为官方认定的《诗经》注释依据，备受后世推崇，也是现存最早的《诗经》完整注本。

国家图书馆藏

跪敷衽以陳辭兮，耿吾既得此中正。
駟玉虬以乘鷖兮，溘埃風余上征。
朝發軔於蒼梧兮，夕余至乎縣圃。
欲少留此靈瑣兮，日忽忽其將暮。
吾令羲和弭節兮，望崦嵫而勿迫。
路曼曼其脩遠兮，吾將上下而求索。

阽余身而危死兮，覽余初其猶未悔。
不量鑿而正枘兮，固前脩以菹醢。
曾歔欷余鬱邑兮，哀朕時之不當。
攬茹蕙以淹涕兮，霑余襟之浪浪。

楚辞集注八卷辩证二卷后语六卷　　（宋）朱熹撰　宋端平（1234—1236）刻本

成书于南宋庆元五年（1199）。此书在汉代王逸《楚辞章句》与宋代洪兴祖《楚辞补注》的基础上编纂而成，多有创见，是研究《楚辞》的最佳善本。朱注强调发微屈原的忠魂义魄，探求作者言外之意。但书中多宣扬"程朱理学"，在体例上，把《楚辞》诗句分别归之于"赋、比、兴"三类，对阐释作品思想意义及其艺术成就有一定的局限性。该本为现存最早最完备的版本。

陶渊明的诗

陶渊明是中国文学史上"田园诗"的开创者，被誉为"千古隐逸之宗"。他现存的121首诗和12篇散文，是中国古代士大夫阶层"独善其身"时赖以栖居的精神家园。他安贫乐道、崇尚自然的诗化哲学，"不为五斗米折腰"的人格气节，"采菊东篱下，悠然见南山"的生活境界，深刻地影响了中国乃至东亚地区的文化构成和美学格调。《陶渊明集》在魏晋诸家文集中最为流传有绪，宋代以降，注释、批点、传刻者日众，清代藏书家黄丕烈曾因得到两部宋版陶诗而名其书室曰"陶陶室"，备极珍视。

陶渊明集十卷　（晋）陶潜撰　宋刻递修本　金俊明、孙延题签　汪骏昌跋

陶潜，字渊明，又字元亮，世称靖节先生。曾任江州祭酒、镇军参军等职，41岁出任彭泽令，在任80余日，毅然解官归隐田园。他的不少诗篇反映出理想与现实之间的矛盾，抒发了金刚怒目式的抗争。他还写下了大量田园诗，表现出诗人永葆自由与高洁的性格，充满对污浊仕途的憎恶，如《归去来辞》《归园田居》等。

世说新语

　　《世说新语》是南北朝时期著名的志人小说，记述自汉末到刘宋时名士贵族的遗闻轶事，其中有许多人物评论、清谈玄言和机智应对的故事，反映了"魏晋清谈"的风貌。《世说新语》运用对照、比喻、夸张等文学技巧，将人物的性格、特征描绘得活灵活现，创造了许多脍炙人口的名言佳句和文学典故，对后世文学产生了巨大影响。著名古典长篇小说《三国演义》中的某些故事情节，如"望梅止渴"等，即源自《世说新语》。

世說新語
德行

陳仲舉言爲士則行爲世範登車攬轡有澄清
天下之志與人有室荒蕪不掃除曰大丈夫當
爲國家掃天下值漢桓之末閹豎用事外戚豪
橫及拜太傅與大將軍竇武謀誅宦官反爲所
害爲豫章太守海內先賢傳曰蕃爲尚書以忠
守至便問徐孺子所在欲先看之謝承後漢書
公所辟雖不就及其死萬里赴吊常預炙雞一
子豫章南昌人清妙高跱超世絶俗前後爲諸

世說卷一　　　　　　　　　　　　德行　一

世说新语六卷　（南朝宋）刘义庆撰　（南朝梁）刘孝标注　（宋）刘辰翁、刘应登、（明）王世懋评　明凌瀛初刻四色套印本

本书是我国最早的一部文言志人小说集，也是魏晋南北朝时期笔记小说的代表作。主要记叙汉晋名士的轶事和言谈，保存了较多的清谈思想资料，对豪门士族奢淫、放诞的风气有所非议。梁刘孝标为之作注，所引汉、魏、吴史书，地志、家传、谱牒，凡400余种，不少佚书，赖其注得以传世。

辽宁省图书馆藏　名录04783

《文选》与《文苑英华》

《文选》亦称《昭明文选》，是我国现存最早的诗文总集，共收录先秦以迄南朝齐梁八代130多位作家的700多篇作品，反映了先秦至南朝梁初各种文体发展的脉络。唐宋科举，加试诗赋，唐代有"《文选》学"之号，宋人有"《文选》烂，秀才半"之语，《文选》的影响达到巅峰。

《文苑英华》是南朝梁末至五代间的文学总集，共1000卷，可视为《昭明文选》的续作。全书收入2200位作家约2万篇作品，以唐代作品为多。《文苑英华》所辑文献丰富，自清代以来，治唐史者多取材于此。可谓著作之渊海，史料之府库。

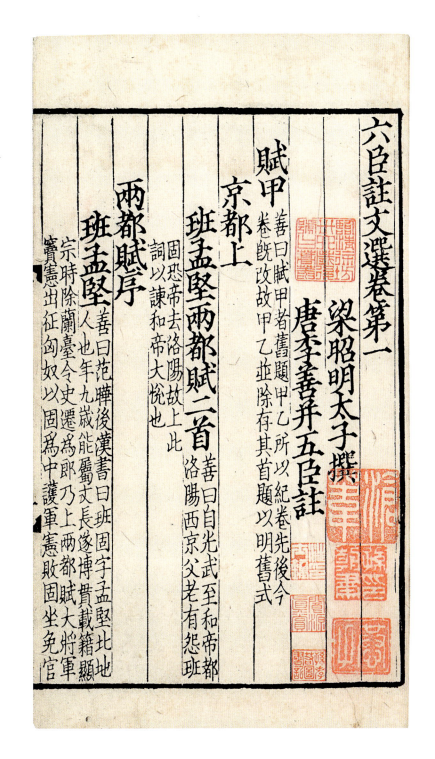

六臣注文选六十卷　（南朝梁）萧统辑　（唐）李善、吕延济、刘良、张铣、吕向、李周翰注　宋刻本

《文选》由南朝梁萧统编著，亦称《昭明文选》。《六臣注文选》是唐显庆三年（658）进呈的李善注本和开元六年（718）吕延祚进呈的五臣（吕延济、刘良、张铣、吕向、李周翰）注本合刊，分赋、诗、骚、文等38类。注中极多阐幽发微之处，准确精当，体例严谨，是最有代表性且流传最久的注本。

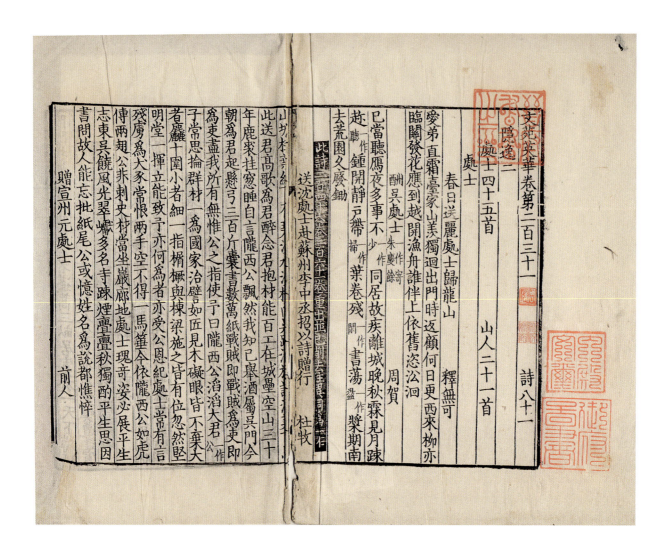

文苑英华一千卷　（宋）李昉等辑　宋嘉泰元年至四年（1201—1204）周必大刻本　存一百三十卷（二百三十一至二百四十、二百五十一至二百六十、二百九十一至三百、六百一至七百）

此书系宋太平兴国七年（982）奉敕编修，之后又命苏易简、王祐等参修，至雍熙四年（987）书成，与《太平御览》《太平广记》《册府元龟》合称宋代"四大书"。本书保存了大量诗文，为以后《古诗纪》《全唐诗》《全唐文》等重要总集所取材。

国家图书馆藏　名录01196

唐诗

　　唐诗是中国古代诗歌发展的顶峰。唐人恢弘的胸怀气度、兼容的文化心态、饱满的进取精神、浓郁的个人情致在不同时期造就出多样的诗歌风貌：初唐骨力刚健、盛唐气象磅礴、中唐开拓新变、晚唐清丽工整，各成气候。唐代杰出诗人数量之多，是中国诗歌史所仅见。初唐、盛唐国力强盛，经济繁荣，社会开放，士人读书山林、壮观河山、漫游边塞，精神面貌昂扬，广为传颂者如"四杰"之慷慨悲凉，"高岑"之瑰奇壮伟，李白之豪放飘逸。安史之乱后国力衰退、灾难深重，也激发出诗人深入现实、感时忧事的创造力，锻造了杜甫之沉郁顿挫，白居易之平易通脱，韩愈之奇崛，韦应物之淡雅，李商隐之隐僻，温庭筠之绮靡，各具神髓，泽被后人。

出塞

唐·王昌龄

秦时明月汉时关，万里长征人未还。
但使龙城飞将在，不教胡马度阴山。

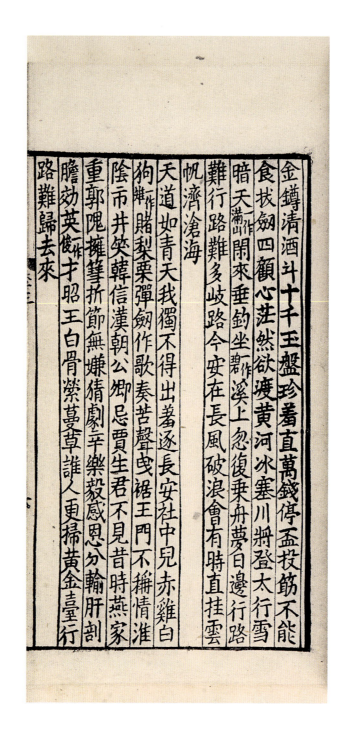

李太白文集三十卷　（唐）李白撰　南宋初蜀刻本（卷十五至二十四配清康熙五十六年缪曰芑双泉草堂刻本）

此本是现存最早的李白文集。李白诗歌今尚存近千首，内容丰富多彩，有对人民生活的关心和同情、对自然风景的描绘、对爱情和友谊的歌咏等，运用夸张的手法、生动的比喻和想象来表现热烈奔放的思想感情，体现出一种自然、自由和率真之美。

国家图书馆藏　名录01025

杜甫

"诗圣"杜甫的诗深刻反映了唐代社会矛盾。忧念时局，关心社稷，是杜甫爱国主义思想的突出表现，"朱门酒肉臭，路有冻死骨"揭露了社会贫富悬殊；"三吏""三别"反映了战乱下的水深火热与人民疾苦；"安得广厦千万间，大庇天下寒士俱欢颜"，则表现了诗人民胞物与、推己及人的崇高情操和博大胸怀。

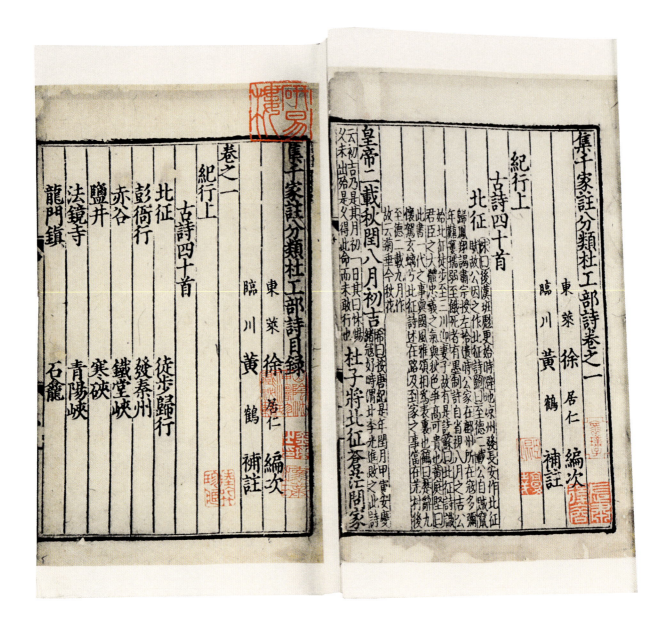

集千家注分类杜工部诗二十五卷　（唐）杜甫撰　（宋）徐居仁编次　（宋）黄鹤补注　年谱一卷　（宋）黄鹤撰　元皇庆元年（1312）余志安勤有堂刻本

杜甫被尊为"诗圣"，其诗被誉为"诗史"。大部分诗作涉及了唐玄宗、肃宗、代宗三朝有关政治、经济、军事以及人民生活的重大问题，广泛而深刻地反映了"安史之乱"前后唐王朝社会生活的巨大变化。唐以后，有两次为杜诗作注的高潮，一是两宋时期，号为"千家注杜"，二是明末清初时期。

成都杜甫草堂博物馆藏　名录03101

韩愈

唐代中叶，韩愈、柳宗元发起了声势浩大的古文运动，强调"文以载道"。"古文"这一概念由韩愈最先提出，他反对六朝以来讲求声律及辞藻、排偶的骈文，认为散文要继承两汉文章的传统，目的在于恢复古代的儒学道统，将改革文风与复兴儒学变为相辅相成的文学运动。苏轼称韩愈"文起八代之衰"，赞扬他重振文风的历史功绩。韩、柳与宋代的欧阳修、王安石、曾巩、苏洵、苏轼、苏辙被后世称为"唐宋八大家"。

博爱之谓仁，行而宜之之谓义，由是而之焉之谓道，足乎己无待于外之谓德。仁与义为定名，道与德为虚位。故道有君子小人，而德有凶有吉。老子之小仁义，非毁之也，其见者小也。坐井而观天，曰天小者，非天小也。彼以煦煦为仁，孑孑为义，其小之也则宜。其所谓道，道其所道，非吾所谓道也。其所谓德，德其所德，非吾所谓德也。凡吾所谓道德云者，合仁与义言之也，天下之公言也。老子之所谓道德云者，去仁与义言之也，一人之私言也。

周道衰，孔子没，火于秦……

新刊五百家注音辩昌黎先生文集四十卷　　（唐）韩愈撰　　（宋）魏仲举辑注　　清乾隆四十九年（1784）刻本

　　简称《韩集五百家注》。韩愈诗歌、古文理论及其道统思想等对宋代的文学和思想产生了深远影响，韩学空前兴盛，宋人对韩愈文集的整理和注释成为热点。南宋魏仲举《韩集五百家注》可视为韩集注本的祖本，具有承前启后的重要作用，其收录的作品对于了解韩愈的写作背景、诗文主旨及其交游和作品系年等有很大帮助。

宋词

　　词，又名长短句，其创作始于唐、五代，鼎盛于宋代。北宋前期，以晏殊、欧阳修为代表的词人，继承南唐"花间"雍容、侧艳之词风；柳永等则语言通俗、音律谐婉，反映世俗生活。北宋中叶，苏轼开词体豪放一路新境。北宋后期，豪放、婉约词风并行。周邦彦词雅俗并举，乃婉约一派集大成者。宋室南渡，岳飞、张元幹等人高扬慷慨悲壮词风。南宋中后期，辛弃疾将豪放词的创作推向巅峰。南宋末期姜夔、王沂孙、张炎等词人，追求法度严谨、绵丽细密的婉约词风，与辛派词风迥然不同，但亦能融家国身世之感于一炉。

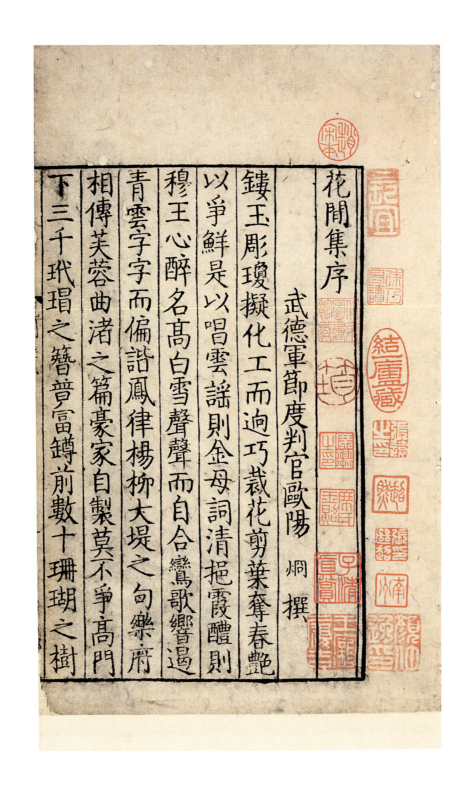

花间集十卷　（后蜀）赵崇祚辑　宋绍兴十八年（1148）晁谦之建康郡斋刻本

本书成书于后蜀广政三年（940），选录晚唐、五代温庭筠等十八家词500首，当时词作多赖以存，为文人词集最早的一部。内容多写官僚士绅的冶游享乐生活，刻画妇女娇娆之态。词藻秾艳，风格浮靡，对后代词风有巨大影响。少数作品风格清新，具有民歌质朴情调。

国家图书馆藏　名录01255

关注民生的苏轼

作为"唐宋八大家"之一，苏轼的文学家身份为人们所熟知，同时他还是一位有担当、有作为的官员。从十岁母亲程氏教授他读《后汉书》时起，苏轼就立志以清廉正直的范滂为榜样。他为官从政四十年，三次被贬，但仍坚持为官以民为本，做人以诚为首，理政以廉为上。在徐州，他亲自带领官员防洪、筑堤；在杭州，他疏浚西湖，修筑苏堤；在惠州，他引泉入城，供百姓饮用。此外，各地的东坡井、东坡书院，惠州的东坡孤儿院，海南的东坡医所，都是苏轼为民留下的政绩。苏轼文集中的"为国不可以生事，亦不可以畏事"，"天下之患，最不可为者，名为治平无事，而其实有不测之忧。坐观其变而不为之所，则恐至于不可救"，"临大事而不乱，临利害之际不失故常"，"物必先腐，而后虫生"等等对今天为官从政仍有积极的借鉴意义。

人縱健頭應白何辭更一醉此歡難覓不用向

佳人訴離恨淚珠先已凝雙睫但莫遣新燕
来時音書絕

念奴嬌 赤壁懷古

大江東去浪淘盡千古風流人物故壘西邊人
道是三國當日周郎赤壁亂石崩雲驚濤裂岸
捲起千堆雪江山如畫一時多少豪傑遙想
公瑾當年小喬初嫁了雄姿英發羽扇綸巾談
笑間強虜灰飛煙滅故國神遊多情應笑我早
生華髮人間如夢一樽還酹江月

千秋歲 重陽作徐州

淺霜侵綠鬢少仍新沐冠直縱巾橫幅美人憐
我老玉手簪金菊秋露重真珠蒲袖沾餘馥
座上人如玉花映肉蜂蝶亂飛相逐明年
人縱健此會應難復須細看晚來明月和銀燭

歸朝歡 和蘇堅伯固

我夢扁舟浮震澤雪浪搖空千頃白覺來滿眼
是廬山倚天無數開青壁此生長接浙與君同
是江南客夢中遊覺來清賞同作飛梭擲 明
日西風還掛席唱我新詞淚沾臆靈均去後楚

东坡乐府二卷 　（宋）苏轼撰　元延祐七年（1320）叶辰南阜书堂刻本　黄丕烈跋

一名《东坡词》。苏轼是"豪放派"的代表人物，在北宋以至整个中国词坛，占有极为重要的地位。其词今存约360首，进一步开拓了词的内涵，扩大了词的境界，打破音律的严格束缚，将歌者之词发展为诗人之词，在北宋词坛实现了一大革新。

国家图书馆藏　名录01248

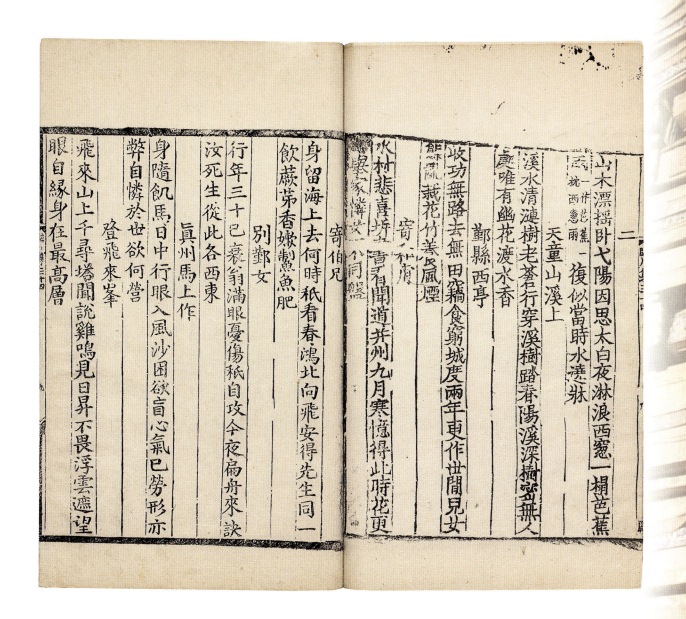

临川先生文集一百卷 （宋）王安石撰 宋绍兴二十一年（1151）两浙西路转运司王珏刻元明递修本

本书内容含古诗、律诗、挽辞、集句、四言诗、赋、铭、赞、书跋、奏状、札子、内制、外制，反映了王安石人生经历、社会政治、哲学和文学思想及其成就。其诗篇既有以咏史和怀古为题材的政治诗，也有陶冶性情的山水诗。

范仲淹

范仲淹是北宋著名的政治家、文学家，曾主持"庆历新政"。范仲淹关心民瘼，所至兴利除弊，政声赫赫。在泰州任职时，他主持修筑数百里捍海长堤，保障了当地民生，后人称为"范公堤"。范仲淹不避权贵佞幸，在朝堂上面折廷诤，犯颜极谏，多次被贬谪，仍然"宁鸣而死，不默而生"，尽显为民请命的凛然大节。他的千古名句"先天下之忧而忧，后天下之乐而乐"，意境壮阔，为历代传诵。

其喜洋洋者矣嗟夫予嘗求古仁人之心或異
二者之為何哉不以物喜不以己悲居廟堂之
高則憂其民處江湖之遠則憂其君是進亦憂
退亦憂然則何時而樂耶其必曰先天下之憂
而憂後天下之樂而樂乎噫微斯人吾誰與歸
時六年九月十五日

邠州建學記
國家之患莫大於乏人人曷嘗而乏哉天地靈
粹賦于萬物非昔醇而今漓吾觀物有秀於類

者曾不減於古豈人之秀而賢者獨下於古歟
誠教有所未格器有所未就而然耶庠序可不
與乎庠序者俊乂所由出焉三王有天下各數
百年並用此道以長養人材材不乏而天下治
天下治而王室安斯明著之効矣慶曆甲申歲
予參貳國政親奉聖謨詔天下建郡縣之學俾
歲貢羣士一由此出明年春予得請為邠城守
畀事之三日謁夫子廟通守太常王博士稷告
予曰奉詔建學其材出於諸生備矣今夫子廟

范文正公文集二十卷　（宋）范仲淹撰　北宋刻本（卷一配抄本）

北宋元祐四年（1089）成书，苏轼作序。计收诗赋268首，杂文165篇。范仲淹工于诗、词、散文，其作品富含政治内容，境界壮阔，风格苍凉，突破了唐末五代的绮靡风气。千古名篇《岳阳楼记》抒发作者"先天下之忧而忧，后天下之乐而乐"的理想抱负，为历代传诵。此本为现存最早的范集传本。

国家图书馆藏　名录01079

辛弃疾

习近平指出："在中华民族几千年绵延发展的历史长河中，爱国主义始终是激昂的主旋律，始终是激励我国各族人民自强不息的强大力量。"爱国主义情怀也是唐诗宋词中普遍的文学主题，中国历代知识分子深受儒家入世思想的影响，创作了大量爱国诗篇，成为诗词中最有价值的思想遗产。辛弃疾即是爱国主义词人的代表，他的词在宋词乃至整个词史上都占有极高的位置。他是南渡后坚决主张北伐的代表人物，鲜明的爱国思想是其作品中最具特色的表达，代表了南宋爱国主义文学的最高水平。

南乡子·登京口北固亭有怀

宋·辛弃疾

何处望神州，满眼风光北固楼。千古兴亡多少事？悠悠。不尽长江滚滚流。

年少万兜鍪，坐断东南战未休。天下英雄谁敌手？曹刘。生子当如孙仲谋。

擲地劉郎玉斗挂帆西子扁舟千古風流

令在此萬里功名莫放休君王三百州

燕雀豈知鴻鵠敢毹元出兜鍪却笑盧溪

如斗大肯把牛刀試手不壽君雙玉甌

為陳同甫賦壯詞以寄之

醉裏挑燈看劍夢回吹角連營八百里分

麾下炙五十絃翻塞外聲沙場秋點兵

馬作的盧飛快弓如霹靂弦驚了卻

君王天下事贏得生前身後名可憐白髮

生

贈行

少日春風滿眼而今秋葉褪柯便好消磨

心下事也憶尋常醉後歌新來白髮多

明日扶頭顛倒倩誰伴舞婆娑我定思君

拚瘦損君不思兮可柰何天寒將息呵

趙晉臣敷文幼女縣主覓詞

菩薩蠻中惠眼頑人詩裏娥眉天上人間

真福相畫戟描成好匾兒行時嬌更遲

稼轩长短句十二卷　（宋）辛弃疾撰　元大德三年（1299）广信书院刻本　黄丕烈跋　顾广圻抄补并跋　陶梁、瞿中溶、汪鸣銮、王鹏运、许玉瑑题款

又称《稼轩词》，收词400余首。辛弃疾是宋代杰出的爱国主义词人，其词继承和发展了苏轼的豪放词风，充满英雄主义与不屈意志。他与苏轼并称"苏辛"，标示"豪放"一派形成，对后世词家影响极大。《水龙吟·登建康赏心亭》《菩萨蛮·书江西造口壁》《南乡子·登京口北固亭有怀》等为其代表作。

為月俸為嫌銅臭雜花香

示兒

死去元知萬事空但悲不見九州同王師北定

中原日家祭毋忘告乃翁

劍南詩槀卷第八十五

跋

先君太史晚自號曰放翁紹興辛巳間

及事高宗皇帝累遷樞密院編修及

孝宗皇帝嗣位三初召對便殿賜進士

第時始置編類太上皇帝聖政所妙東

時髦先君首預其送擢拾討官久之以

竹貴偉自免去五為州別駕西泝棘人道

樂其風去有絕為之志蜀之名卿巨儒

剑南诗稿八十五卷　（宋）陆游撰　明末毛氏汲古阁刻本

陆游存诗数量达9000余首，内容几乎涵盖了当时社会生活的各个方面，其中最重要的是爱国主题和日常生活的吟咏。其见闻、经历、朋友骨肉间的情感以及山水风景等作品，体现了他爱国的精神、积极的心魄、深刻的观察和开阔的视野。《关山月》《书愤》《示儿》等均为世人传诵之佳作。

元曲

元代戏剧有杂剧和南曲两种类型，前者流行于大都（今北京）一带，后者则以杭州为中心。元代科举一度停废，部分儒生流连市井，在勾栏瓦肆之中激发出创作情绪，产生了"书会才人"创作群，著名者如关汉卿、王实甫、马致远等，其作品上则朝廷政治之得失，下则家庭人情之厚薄，以至豪侠神道、商贾巫医、殊方异域等事，塑造了许多鲜明的人物形象，歌颂了受压迫者的反抗精神，展现出元代丰富多彩的社会生活和普通民众复杂微妙的精神世界。剧作家们适应时代需求，不仅造就了元代剧坛的繁荣局面，也掀开了中国文学崭新的一页。

人月圆·山中书事

元·张可久

兴亡千古繁华梦，诗眼倦天涯。

孔林乔木，吴宫蔓草，楚庙寒鸦。

数间茅舍，藏书万卷，投老村家。

山中何事？松花酿酒，春水煎茶。

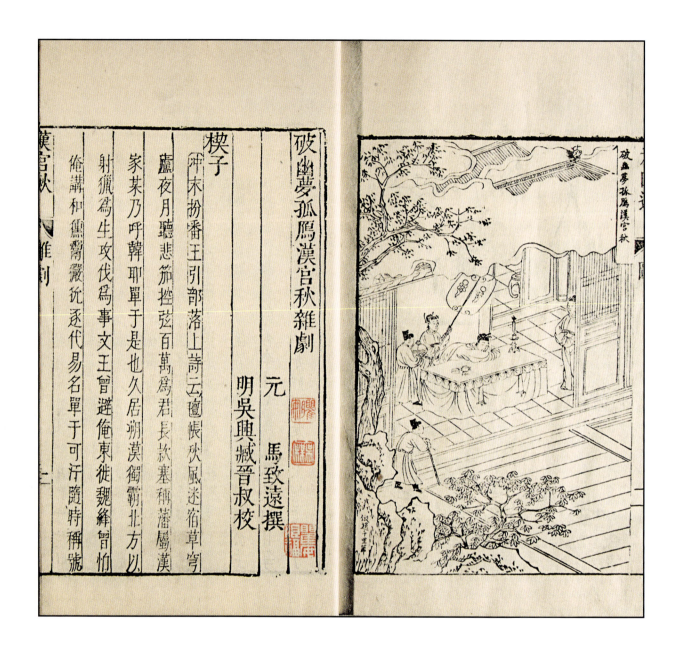

元曲选十集一百卷　（明）臧懋循编　论曲一卷　（明）陶宗仪等撰　元曲论一卷　明万历刻本

又名《元人百种曲》，是现存流布最广的元杂剧总集。收元人34家杂剧67本，元无名氏24本，元末明初王子一、贾仲明等7家9本，总计100本。明人臧懋循精通戏曲，尤称赏元杂剧，对《元曲选》的编选独具慧眼，精品毕集。关汉卿《窦娥冤》《望江亭》《救风尘》、白朴《梧桐雨》等元杂剧杰作皆收录于此。

明清通俗文学与四大名著

明清时期商品经济发达，市民阶层不断增长，新形式的戏曲、小说等市民文学蓬勃发展。白话小说的底本是"话本"，其故事往往是先以说话、讲唱、演剧的形式流行，然后再由文人定写下来。短篇小说如冯梦龙编的"三言"、凌濛初的"二拍"等；戏曲如汤显祖的《牡丹亭》、孔尚任的《桃花扇》、洪昇的《长生殿》等；以及堪称文言小说艺术高峰的《聊斋志异》，讽刺小说典范之《儒林外史》等。

古典长篇小说《三国演义》《水浒传》《西游记》《红楼梦》是明清通俗文学的杰出代表作品，也是中国乃至全人类共同拥有的宝贵文化遗产，在整个华人世界中有着深远的影响。毛泽东说过："生子当如仲谋，交友如鲁达，信心如唐僧，读书就读四大名著。"研读四大名著，是浏览中国古典文学的智慧之海，也是阅历中国传统人文、社会、伦理、民俗等的知识之库。

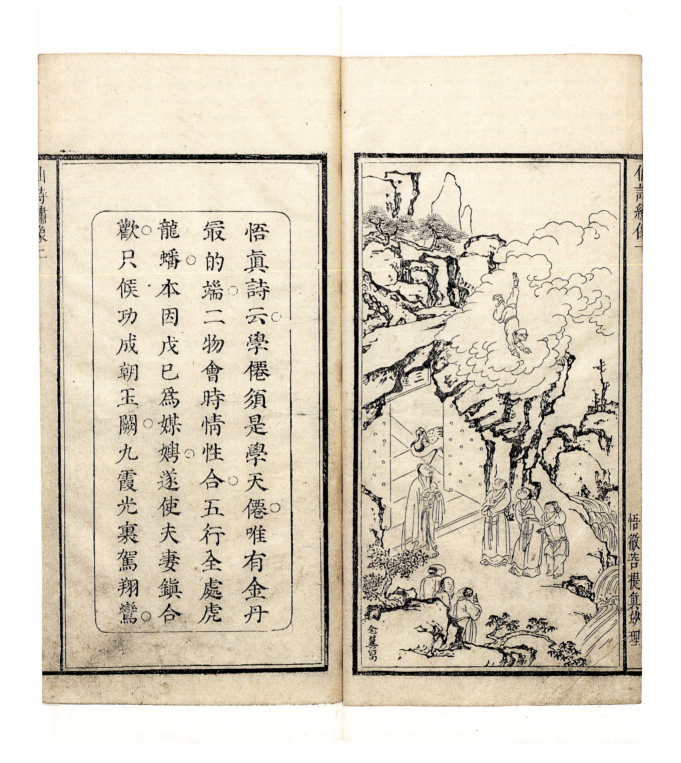

悟真詩云學僊須是學天僊唯有金丹
最的端二物會時情性合五行全處虎
龍蟠本因戊巳爲媒娉遂使夫妻鎮合
歡只候功成朝玉闕九霞光裏駕翔鸞

镌像古本西游证道一百回　（明）吴承恩撰　（清）黄泰鸿、汪象旭笺评　清初刻本

　　吴承恩《西游记》是在《大唐西域记》、元杂剧以及民间故事的基础上再创作而成，描绘了唐僧、孙悟空、猪八戒、沙和尚师徒四人历经九九八十一难终到灵山取来真经的故事。小说首创了亦人亦神亦物的形象，是中国古代第一部浪漫主义长篇神魔小说，深刻针砭了当时腐败动荡的社会现实。

国家图书馆藏

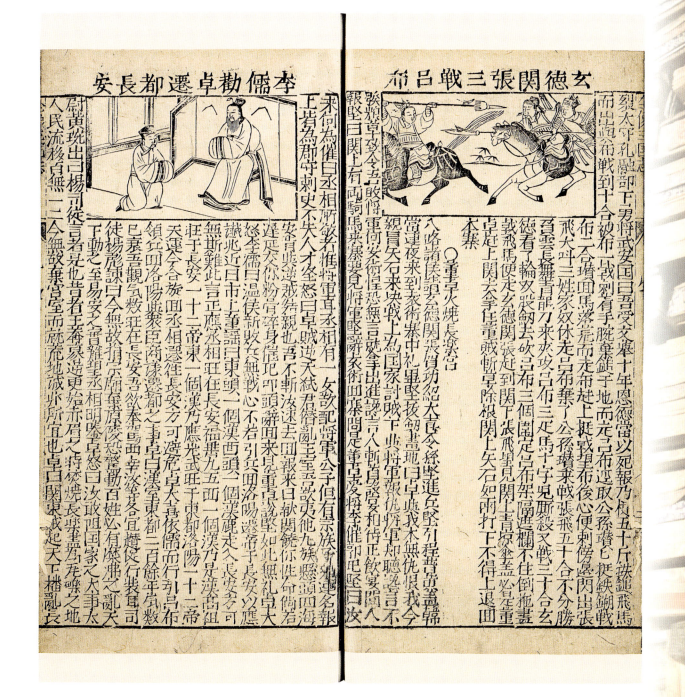

新刻考订按鉴通俗演义全像三国志传二十卷　　（明）罗本撰　明天启三年（1623）黄正甫刻本

罗本（字贯中）所撰《三国演义》是中国第一部长篇章回体历史演义小说，以描写战争为主，展现了魏、蜀、吴之间的矛盾和斗争，融中国古代政治、军事、外交、法律、伦理、宗教、史学、文学等智慧与精粹为一体。"三顾茅庐""草船借箭""千里走单骑"等精彩的故事不仅在中国家喻户晓，还广泛流传于海外。

護官符下小註

賈不假白玉為堂金作馬 寧國榮國二公之後共二十房分寧榮親派八房在
都外現原籍住者十二房

阿房宮三百里住不下金陵一个史 保齡侯尚書令史公之後房分共十八房都中現住
十房原籍現居八房

東海缺少白玉床龍王来請金陵王 都太尉統制縣伯王公之後共十二房都中兩房餘皆
在籍

豐年好大雪珍珠如土金如鐵 紫微舍人薛公之後現領內司帑項行商共八房

昌明隆盛之邦 伐長安大都

従頭至尾鈔錄回来問世傳奇因空見色由色生情傳情入色自色悟空遂易

名為情僧改石頭記為情僧錄東魯孔梅溪則題曰風月寶鑑後因曹雪芹於

悼紅軒中披閱十載增刪五次纂成目錄分出章回則題曰金陵十二釵並題

一絕云
滿紙荒唐言 一把辛酸淚
都云作者痴 誰解其中味

出則既明且看石上是何故事按那石上書云當日地陷東南這閶門外有個

處曰姑蘇有城曰閶門者最是紅塵中一二等富貴風流之地這閶門外有個

十里街、內有個仁清巷、內有個古廟因地方窄狹人皆呼作葫蘆廟、傍

住着一家鄉官姓甄名費字士隱嫡妻封氏性情賢淑深明禮義家中雖不甚

富貴然本地便也推他為望族了因這甄士隱稟性恬淡不以功名為念每日

脂硯齋重評石頭記八十回　　（清）曹霑撰　題（清）脂硯齋主人評　清抄本（第二十一至三十回佚名抄補）　存五十回

《石头记》又名《红楼梦》，通过对贾、史、王、薛四大家族荣衰史的描写，展现了当时广阔的社会生活和多姿多彩的世俗人情，是中国古典小说及章回小说的巅峰之作。脂砚斋是《红楼梦》早期抄本的主要评点者，脂评本是最贴合曹雪芹思想的版本。甲戌本、己卯本、庚辰本为《红楼梦》三大早期抄本。此本为己卯本。

第五单元　民族交融　多元一体

中国是一个统一的多民族国家，在几千年的历史进程中，各民族在哲学、宗教、语言、文字、文学、艺术、医药、建筑等诸多领域创造了无比灿烂的光辉文化，极大地丰富了中华文化宝库，为中华文化的形成和发展作出了巨大贡献。丰富多彩的民族典籍，历经千载流传至今，见证了历史上各民族文化的繁荣与发展，以及各民族间的学习与交流。

多民族是我国一大特色，是我国发展的一大有利因素。要着力增强民族地区自我发展能力和可持续发展能力，尊重民族差异、包容文化多样，让各民族在中华民族大家庭中手足相亲、守望相助、团结和睦、共同发展。

——习近平在十二届全国人大四次会议青海代表团审议时的讲话

文字创造与多彩古籍

在长期的历史发展过程中，各民族在不同历史时期创制并使用了本民族文字，这不仅对各民族自身文化发展起了巨大的推动作用，同时也为中华民族历史文化宝库增添了绚丽色彩。

在我国境内，历史上先后创制或使用过数十种少数民族文字，积累了种类繁多、数量巨大、内容丰富、特色各异的典籍文献。这些少数民族古文字及其典籍文献是中华民族优秀传统文化的重要组成部分。自"中华古籍保护计划"启动以来，少数民族文字古籍的发掘与保护得到极大重视，珍贵文献频现，截至目前，共有16个文种1039部少数民族文字古籍，入选《国家珍贵古籍名录》。

中国少数民族文字系统：

自源文字：彝文、东巴文等。

阿拉米字母体系：佉卢字、粟特文、突厥文、回鹘文、蒙古文、满文、锡伯文等。

阿拉伯字母体系：察合台文、维吾尔文、哈萨克文、柯尔克孜文等。

婆罗米字母体系：焉耆—龟兹文、于阗文、古藏文、八思巴字和四种傣文等。

汉字系统：古代文字有契丹大字、女真字、西夏文；沿用到近现代的有水文、白文、古壮字、侗字、布依文、仫佬字、哈尼字、方块苗文、方块瑶文等。

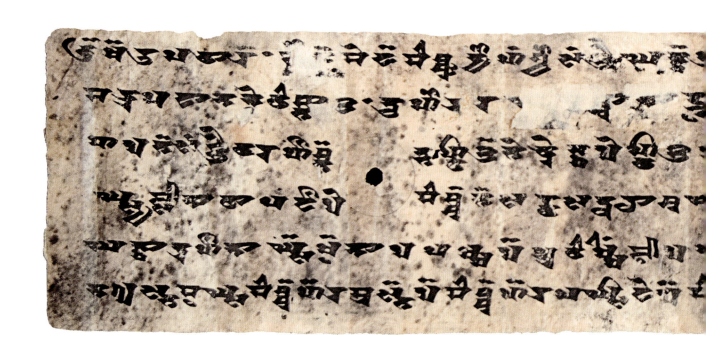

金光明经散脂品　于阗文　8—9世纪写本

梵夹装，和田出土。此为《金光明经》于阗文译本第五种抄本，以丝绸之路南道所特有的正楷婆罗米字体书写。其内容反映于阗曾存一部《金光明经》，且比现存梵文本内容更加丰富，更接近于义净汉译本以及藏译本的长部《金光明经》。

国家图书馆藏　名录09612

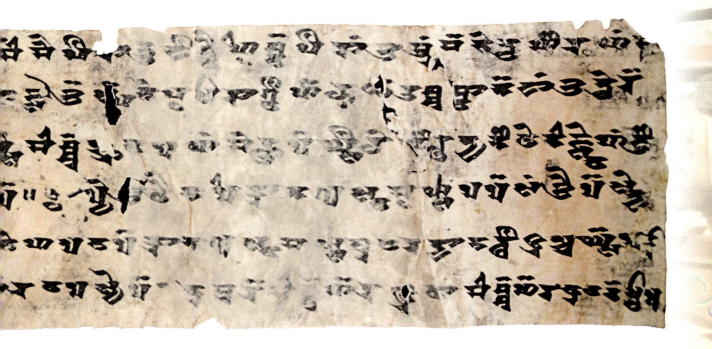

125

般若波罗蜜多十万颂　藏文　元抄本　存五叶

　　和田出土，系第三卷第三十二品，左侧有藏文页码272—276。部分文字仍保留着古藏文特点，为稀见的早期抄本，见证了西藏与西域佛教联系源远流长。

国家图书馆藏　名录09641

　　大方广佛华严经八十卷　　（唐）释实叉难陀汉译　　（西夏）仁宗校　西夏文　元活字本　存
五十二卷（十一至十二、十四至十六、十九至二十三、二十七至三十五、三十七、三十九至四十六、
四十八、五十一、五十三至五十四、五十七、五十九至七十五、七十九至八十）

　　经折装。此为《大方广佛华严经》卷第四十。绢质封面，上有题签。后有西夏文题款两行，译
文为"唐于阗三藏实叉难陀译，奉天显道耀武宣文神谋睿智制义去邪惇睦懿恭皇帝御校"。卷末有西
夏文题记两行，译文为"实勾管作选字出力者盛律美能慧共复愿一切随喜者当共成佛道"。其中"选
字"应是拣字、排字之意。

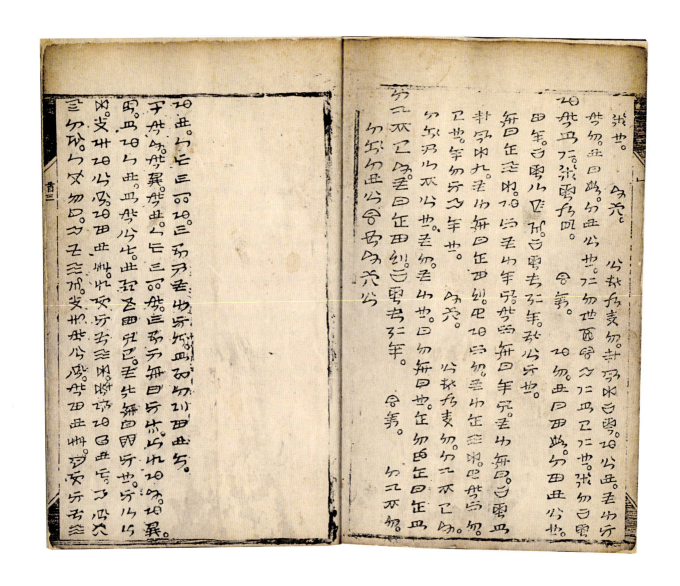

劝善经　彝文　明刻本

　　云南省武定县万德乡木刻本，为现存年代最早的彝文刻本之一。该书译述了道教经典《太上感应篇》，并结合彝族的宗教礼俗、社会思想、伦理道德等内容，规劝人们行善戒恶。

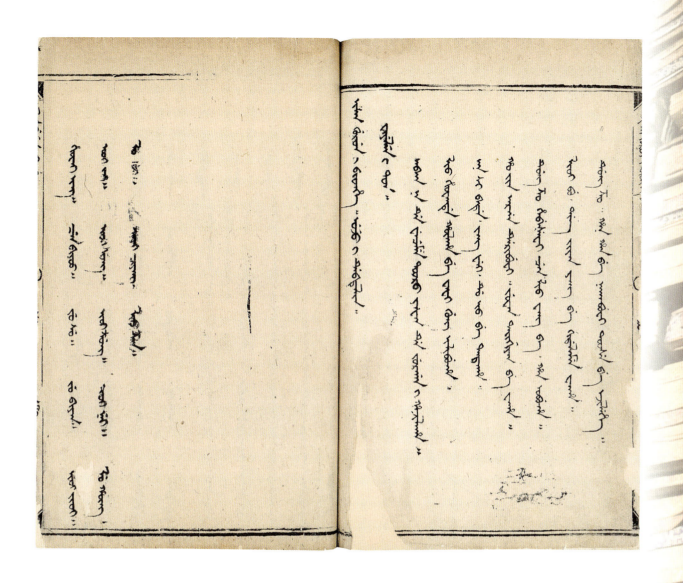

三国演义二十四卷　（明）罗贯中撰　（清）祁充格等译　满文　清顺治七年（1650）内府刻本
存十六卷（一至十六）

《三国演义》，中国古代四大名著之一。全书着重描写了魏、蜀、吴三个政治军事集团之间的矛盾和斗争。清顺治七年满文译本得以刊印，使其广泛流传，并供将领们参悟其中的军事谋略。

国家图书馆藏　名录02357

民族文化交融

我国是统一的多民族国家，各族人民同呼吸、共命运的奋斗历程是中华民族强大凝聚力和非凡创造力的重要源泉。祖国境内各民族杂居共处，民族文化相互依存，呈现出丰富多彩、和谐共荣的景象。各民族广收博取多种文化，在语言文学、历史地理、哲学宗教、医学科技等领域，形成了多元一体的文化宝库。

我国历史演进的这个特点，造就了我国各民族在分布上的交错杂居、文化上的兼收并蓄、经济上的相互依存、情感上的相互亲近，形成了你中有我、我中有你，谁也离不开谁的多元一体格局。

——习近平在中央民族工作会议暨国务院第六次全国民族团结进步表彰大会上的讲话

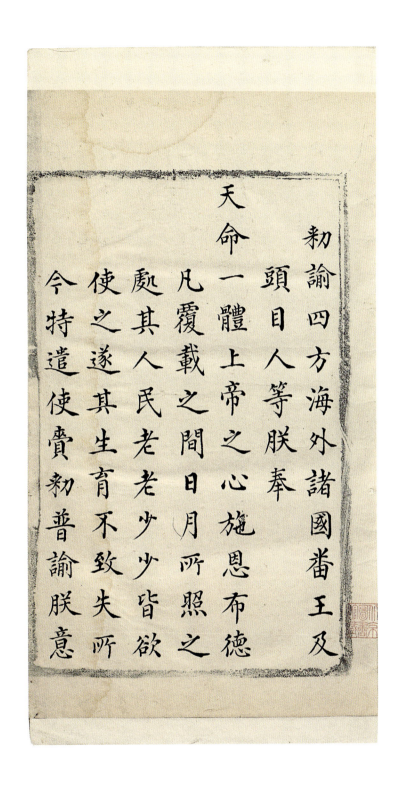

天命

敕諭四方海外諸國番王及
頭目人等朕奉
天命
一體上帝之心施恩布德
凡覆載之間日月所照之
處其人民老少皆欲
使之遂其生育不致失所
今特遣使賚敕普諭朕意

高昌馆课　回鹘文、汉文　明抄本

　　高昌馆是明代四夷馆之一，负责与西北少数民族往来的公文翻译，并教习回鹘文。本书前三册以汉文、回鹘文对照，后一册为汉文与回鹘式蒙古文对照的公文范本，反映明代西域与内地在政治经济上的密切联系。

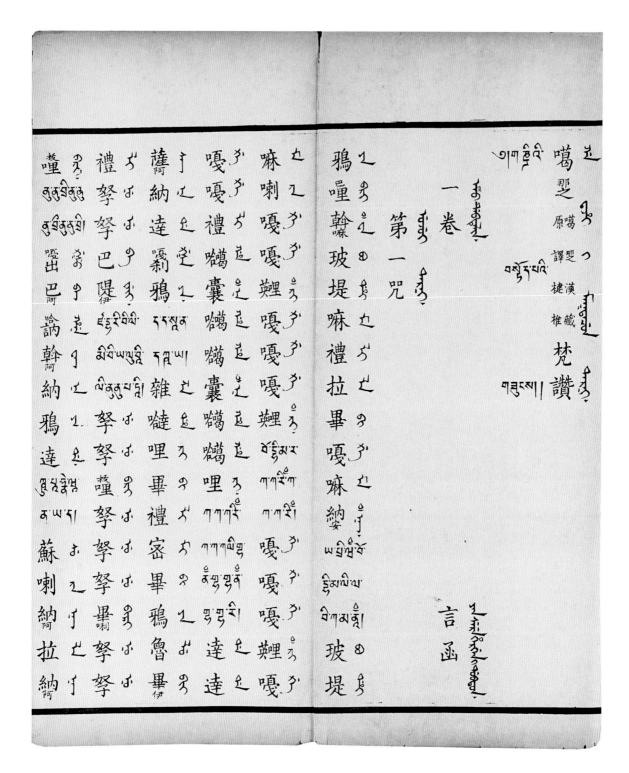

御制满汉西番合璧大藏全咒（满汉藏合璧）　　（清）章嘉·若必多吉译校　清乾隆三十八年
（1773）刻本

　　经折装。乾隆帝为了规范《大藏经》中的咒语音韵，命庄亲王允禄主持，由章嘉·若必多吉依雍
正年间《大藏经》抄出陀罗尼咒，编纂《大藏全咒》，乾隆三十八年（1773）刻成满、汉、藏、蒙古
文四体合璧本，流传甚广。此三体合璧本则稀见。

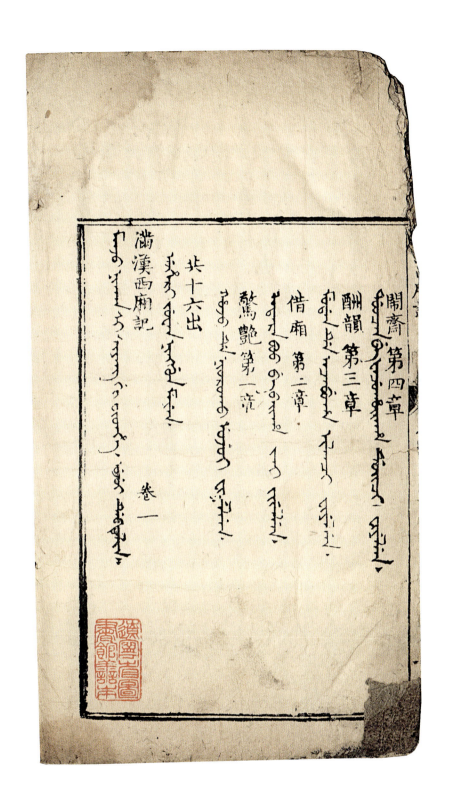

满汉西厢记四卷 （元）王德信撰 满文、汉文 清康熙四十九年（1710）刻本

该部《西厢记》为满汉合璧唱本。王德信字实甫，是元代著名戏曲作家。全书共十六出，分别为惊艳、借厢、酬韵、闹斋、惊寺、请宴、赖婚、琴心、前候、闹简、赖简、后候、酬简、拷艳、哭宴、惊梦。该书版本年代较早，充分反映出清初期即已注重对汉文化的广收博取。

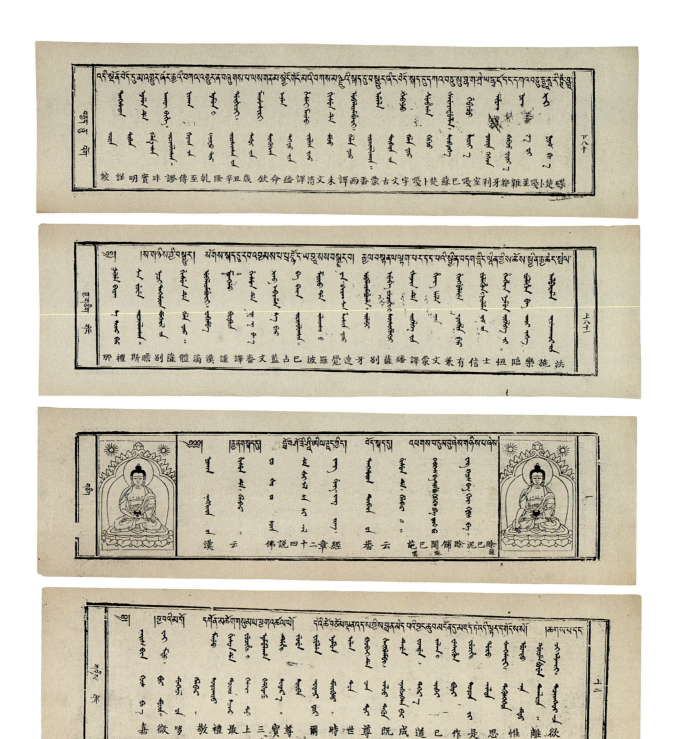

佛说四十二章经　藏文、满文、蒙古文、汉文　清刻本

一般认为此经是现存最早的一部汉译佛经。清乾隆时期，译自汉文的满文本以及藏文本、蒙古文本相继问世。此四体合璧本为孤本，与有清一代出现的众多多文种合璧本一同见证着民族文化的交融。

国家图书馆藏　名录12259

少数民族文字《大藏经》

藏文《大藏经》由《甘珠尔》《丹珠尔》两部分组成。明代以前主要以手抄本形式流传，明永乐年间（1403—1424）开始雕版印刷，有德格版、北京版、纳塘版、卓尼版、拉萨版等多种印本及众多抄本。

蒙古文《大藏经》在元大德年间（1297—1307）由藏文陆续译出。蒙古俺答汗、林丹汗时期继续补译整理，清康熙二十二年（1683）、乾隆六年（1741）又分别译校重雕，全藏始备。

满文《大藏经》是清乾隆三十八年（1773）奉乾隆皇帝谕旨，以汉文、藏文、蒙古文、梵文《大藏经》为底本翻译而成，刊刻于乾隆五十五年。

傣文《大藏经》的基本经典都由巴利语经典传译而来，故又称"巴利三藏"。有西双版纳傣文、德宏傣文和傣绷文三种不同方言文字版本，有贝叶刻本和构皮纸写本两种形式。

萨迦寺经墙（萨仁高娃摄）

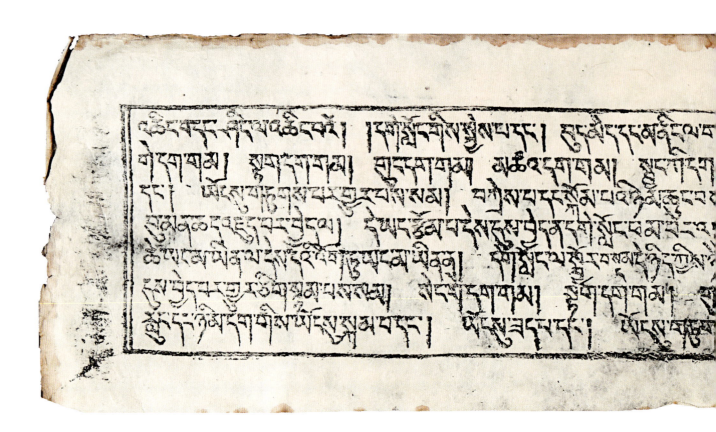

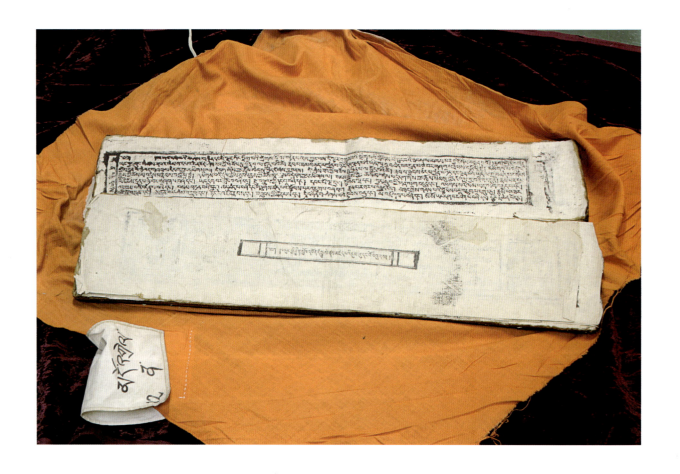

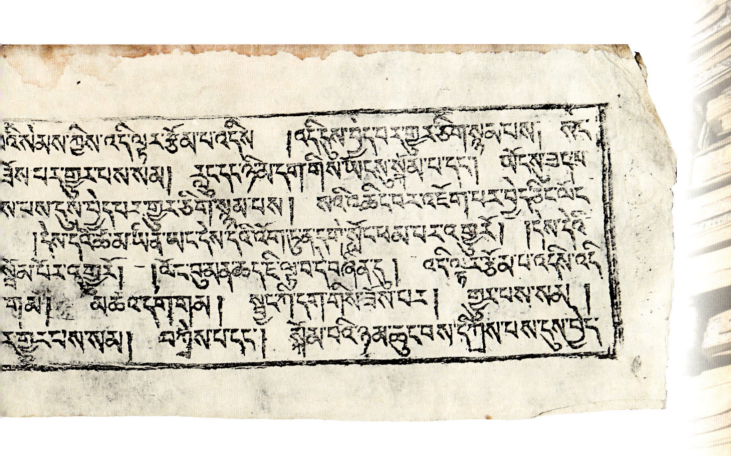

大藏经·甘珠尔一百七函　藏文　清雍正八年（1730）纳塘刻本　存一百三函

　　梵夹装。第司·桑杰嘉措遵照六世达赖喇嘛仓央嘉措（1683—1706）之命主持刊刻。后因六世达赖喇嘛圆寂，刻经工作曾一度停止。七世达赖喇嘛格桑嘉措（1708—1758）时期，颇罗鼐于清雍正八年主持补刻完成。为区别于旧纳塘本，一般称此版为"纳塘新版《甘珠尔》"。

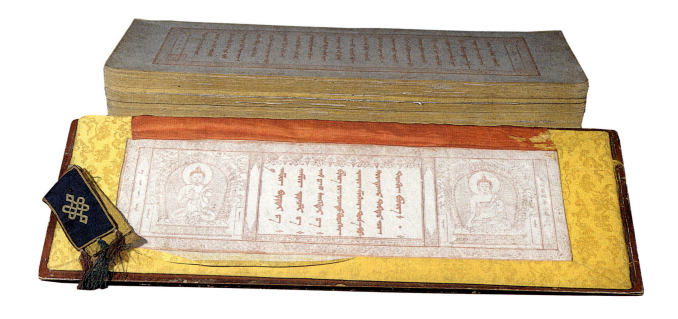

甘珠尔一百八函　蒙古文　清康熙五十九年（1720）内府木刻朱印本　存一百七函

　　梵夹装。在蒙古林丹汗时期（1592—1634）金字《甘珠尔》基础上，依据藏文北京版《甘珠尔》重新校订、翻译而成，并于康熙五十九年刊印。此本与藏文北京版《甘珠尔》和满文《大藏经》一同成为清内府刊刻的民族文字佛教经典三大工程，彰显着各民族文化相互尊重、相互包容、相互欣赏、相互学习的大发展、大繁荣景象。

国家图书馆藏　名录06706

大藏经　傣文　清贝叶经

　　梵夹装。傣文《大藏经》为我国唯一南传佛教经典。该书为西双版纳老傣文贝叶写本，是现存年代较早、内容较完整的傣文《大藏经》。

国家图书馆藏　名录02374

四部医典

藏族医学是祖国医学宝库中的重要组成部分，是藏族人民在长期生产生活中对医疗卫生知识的经验总结。公元8世纪末，宇妥·云丹贡布主持编纂的《四部医典》就是藏族医学的经典著作，也是学习藏医学的必读课本。综观全书，明显可见是在吸收、汲取印度医学及汉族医学（即中医）成就基础上，充分总结藏民族自身医学经验而成的典范之作。

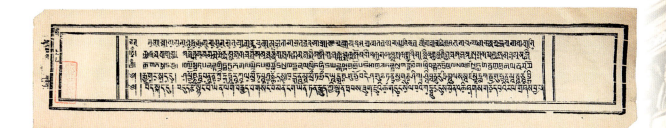

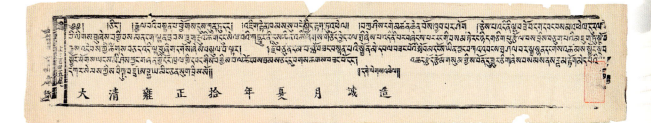

四部医典·诀窍部　宇妥·云丹贡布撰　十四代宇妥·云丹贡布修订　藏文　清雍正十年
（1732）刻本

　　梵夹装。《四部医典》是藏族最为著名的古代医学典籍，全称《甘露要义八支密秘诀窍续》，成书于8世纪，经几次校对、修订，17世纪时定型，对藏族和蒙古族传统医学影响极大。《诀窍部》为其第三部，论述各种疾病诊断和治疗。此为其补遗，北京版，有汉藏文页码。尾题"大清雍正拾年夏月诚造"。

国家图书馆藏　名录09654

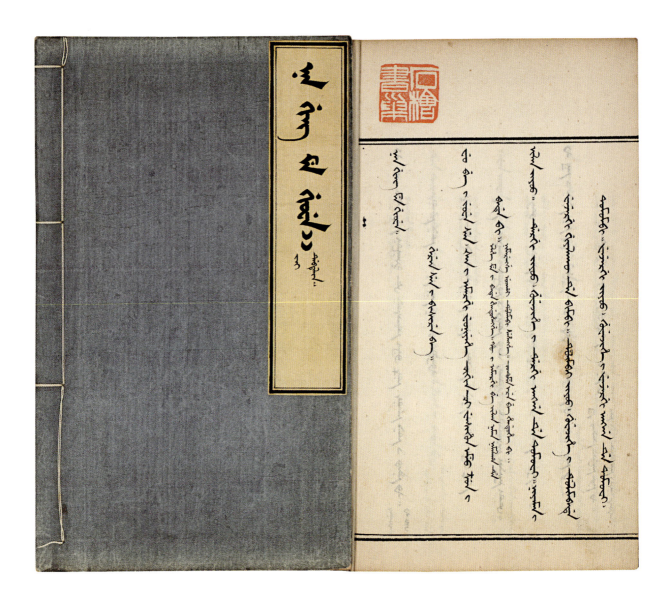

难经脉诀四卷　满文　清抄本

　　该书开篇译自明代张世贤注《图注脉诀》中"诸穴所在"的文字部分以及"诸穴法图"。其余内容大体与张世贤《图注八十一难经》一致，每难先以文说明，后配图注释。

国家图书馆藏　名录12225

第六单元 开放包容 交流互鉴

　　"周虽旧邦，其命维新"。中华五千年古老文明能够生生不息，绵延不绝，正是在不断吸收融合其他国家民族的文化精髓而日益走向繁荣兴盛，铸就了"和而不同、有容乃大、兼容并蓄"的博大胸怀与宽厚品格。正如习近平同志指出："中华文明是在中国大地上产生的文明，也是同其他文明不断交流互鉴而形成的文明。"从丝绸之路的开辟，到四大发明的传播，中华文化远播世界，为人类文明进步作出了巨大贡献。明清以还，西学东渐，欧风美雨之下，中国先进知识分子从单纯"师夷长技"，到深究"格致之学"，西方科技文化大量传入中国，在政治、经济、思想、学术等各个领域都产生了重大影响。东西方两大文明在多次交汇、碰撞、融合、吸收中得以不断提升、发展。正是这种文明间的开放包容，交流互鉴，焕发出蓬勃的生命力，极大地推动了世界文明的前进步伐。

丝绸之路

中西方的文化交往源远流长，早在战国时期成书的《穆天子传》，就记载了周穆王曾向西巡狩，最远到过中亚。汉武帝时期，张骞出使西域，丝绸之路正式开辟。它不仅是东西方商业贸易之路，也是中国和亚欧各国间政治往来、文化交流的通道。中国的纺织、造纸、印刷、火药、指南针、制瓷、绘画等工艺技术，乃至儒、道思想学说，通过此路传向西方。西方的音乐、舞蹈、绘画、雕塑、建筑等艺术，天文、历算、医药等科技知识，佛教、祆教、摩尼教、景教、伊斯兰教等宗教，葡萄、苜蓿、石榴、胡麻、芝麻等物种，也经由此路传入中国。丝路的开辟大大促进了东西方经济、文化、宗教、语言的交流和融汇，对推动科学技术进步、文化传播、物种引进、各民族的思想交流作出了重大贡献。至今，丝绸之路仍在东西方交往中发挥着重要作用。

古代丝绸之路是一条贸易之路，更是一条友谊之路。在中华民族同其他民族的友好交往中，逐步形成了以和平合作、开放包容、互学互鉴、互利共赢为特征的丝绸之路精神。

——习近平在中共中央政治局第三十一次集体学习时的讲话

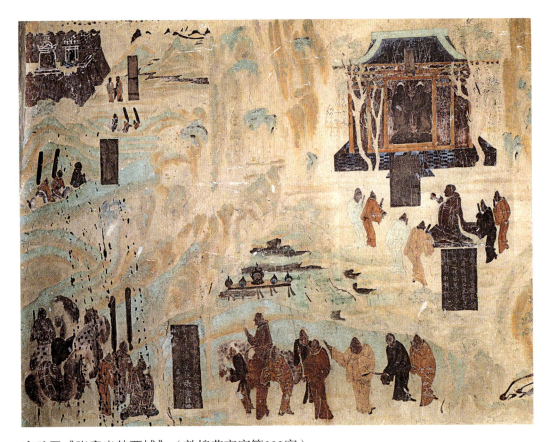

唐壁画《张骞出使西域》（敦煌莫高窟第323窟）

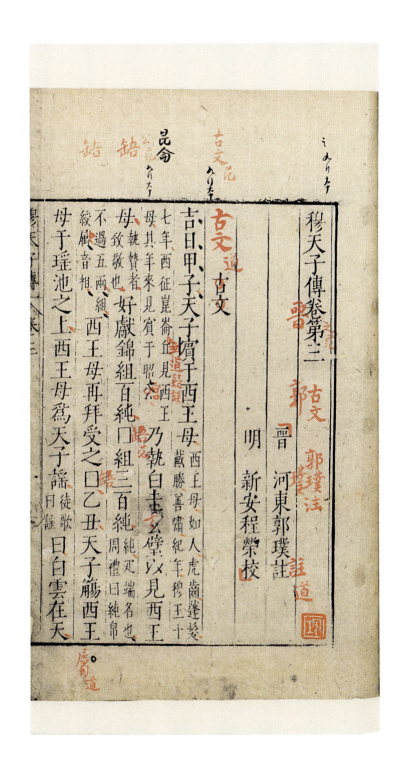

穆天子传六卷 （晋）郭璞注 明万历程荣刻汉魏丛书本 黄丕烈校并跋

本书记载周穆王从宗周出发，向西到达西王母之邦，并与西王母宴饮酬酢的神话故事，有助于了解先秦时期中西交通路径以及文化交流的情况。它说明远在张骞通西域以前，中国内地和中亚之间就已有交往接触。

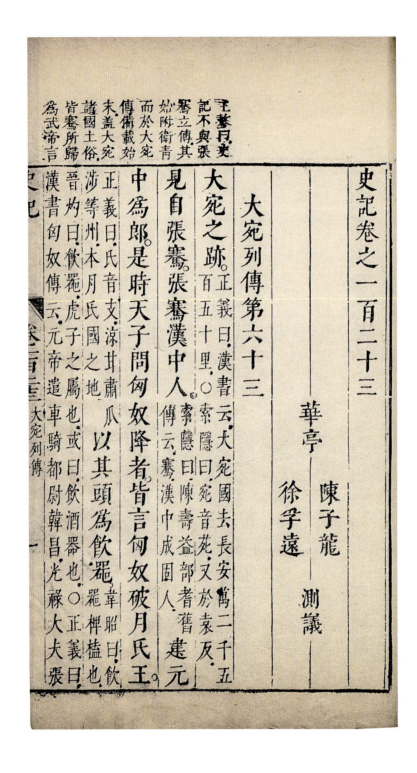

史记一百三十卷 （汉）司马迁撰 （南朝宋）裴骃集解 （唐）司马贞索隐 （唐）张守节正义 （明）徐孚远、陈子龙测议 明养正堂刻本

《大宛列传》是中国最早的边疆和域外地理专篇，根据西汉张骞出使西域的报告写成。书中记载了西域地区的地理和历史状况，是研究中国地理学史和中亚等地历史地理的重要文献。

見一切入藏經目錄　　後唐應順元年（934）寫本

敦煌三界寺沙門道真的補經目錄，反映道真從事配補藏經的活動。道真（915？—987）是敦煌三界寺負責管理佛經的僧人。他有感本寺佛經缺乏，發願"尋訪古壞經文，收入寺中，修補頭尾，流傳於世，光飾玄門，萬代千秋，永充供養"。

无二境者知是无故能離有離无得到无有

无地以是義故名欲岸到心經者身心所經

之寰名曰心經所以須說心經寰如經言

不識自心現妄想者楞伽經言識則滅令欲

令他凡夫二乘識自心現妄想境易得到无

妄想地故玄獄若波羅蜜多心經

菩薩　謂觀照以何義故能觀文字而語寶

觀自在

般若波羅蜜多心經

觀夫義理玄處不出乎心經法相

尤深无過於般若悟則四句便是

不假多求迷則万卷遷住真終住

妄欲懇心而達本无越斯經難文

之不多而深得玄要可謂非空非

色顯空色以令知无滅无生亦離

生而不滅受想行識之蘊了色性

而自遣故得根塵而檢智得雙玄

无明可明十二回緣都嶽智丹川

公明十二回緣三空受命小僧注

述斯典然而真想幽隱空智難明

唯恐音理有乖實深慚於瀚墨敢

題序引用暢玄猷真有識而會

真悟心經而逐照

般若波罗蜜多心经注　吐蕃统治敦煌时期写本

《般若波罗蜜多心经》简称《般若心经》或《心经》。阐述五蕴、三科、四谛、十二因缘等皆空的佛教义理，而归于"无所得"（不可得），认为般若能度一切苦，得究竟涅槃，证得菩提果。

玄奘西行取经

唐贞观三年（629），玄奘沿丝绸之路西行求法，把印度佛经传入中国。他发展印度佛教理论，开创了中国唯识学，撰写了《大唐西域记》，还用梵文翻译《道德经》。玄奘西行取经，在中国和中亚、南亚各国间建起了一座文化交流、友好往来的桥梁，为促进文明的交流互鉴贡献了积极的力量。

我们这个民族，从来就是接受外国的先进经验和优秀文化的。在封建时代，唐朝兴盛的时候，我国曾经和印度发生密切的关系。我们的唐三藏法师，万里长征去取经，比较后代学外国困难得多。

——毛泽东在全国政协一届四次会议闭幕会上的讲话

A

大唐大慈恩寺三藏法师传　（唐）慧立、彦悰撰　胜光法师译　回鹘文　10世纪写本　存二百四十八叶

　　记载玄奘出家及到印度求法、回国后译经情况等。鉴于出土的回鹘文文献多为佛经，而其他种类的文献较少，此文献对于利用汉语—回鹘语双语文献的对应关系来解读世俗回鹘语言提供了珍贵的资料。由于译者精通汉语、佛教，故整部传记翻译语言优美，词音意表达准确，对回鹘历史文化、佛教信仰与语言文字的研究有着重要意义，亦是一部研究中亚、印度及丝绸之路各国历史、地理、宗教、文化和社会风情的珍贵资料。

国家图书馆藏　名录02300

大唐西域記　（唐）釋玄奘口述　　（唐）釋辯機編撰　宋靖康元年至紹興二年（1126—1132）王永從刻思溪藏本

《大唐西域記》記錄了7世紀以前中國新疆、中亞及阿富汗、印度等國家或地區的地理形勢、人口疆域、國都城邑、政治歷史、物產氣候、交通道路、風土習俗、語言文字、民族宗教等，是研究中亞和南亞各國歷史地理的珍貴文獻。

唐西域記勒成一十二卷編錄典奧綜覈明

審立言不朽其在茲乎

大唐西域記卷第一

三藏法師　玄奘奉　　詔譯

大惣持寺沙門　辯機　　撰

三十四國

阿耆尼國

屈支國

跋祿迦國

筊（反叢敧）赤建國

赭時國

怖（反敷廢）捍國

宰（反菟沒）堵利瑟那國

颯秣建國

弭秣賀國

劫布咀那國

屈霜（聲去）儞（价）加國

喝捍國

国家图书馆藏　名录00839

毛泽东点评《六祖坛经》

开国领袖毛泽东非常重视佛教文化，在众多佛教经典中，对《六祖坛经》给予了特殊评价。1959年10月22日，在同十世班禅谈话时，毛泽东说："我不大懂佛经，但觉佛经与佛经是有区别的，有上层的佛经，也有劳动人民的佛经，如唐朝时六祖的佛经《法宝坛经》就是劳动人民的。"六祖慧能主张佛性人人皆有，创顿悟成佛说，一方面使繁琐的佛教简易化，一方面使印度的佛教中国化。毛泽东认为慧能是真正的禅宗的创始人，也是真正的中国佛教的始祖。有着坚定唯物史观的毛泽东，能够如此辩证地分析评价《六祖坛经》，说明《六祖坛经》中的确蕴含着积极向上的精神因素。

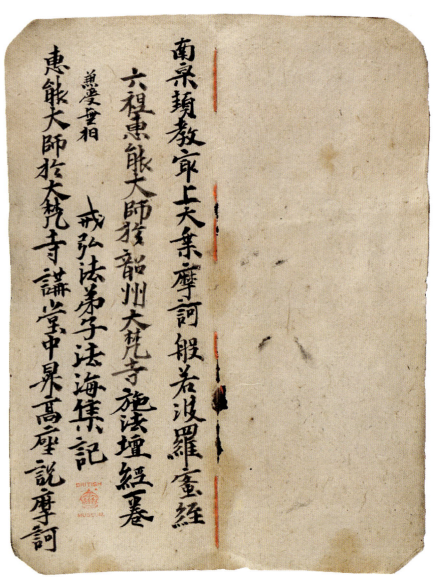

英国国家图书馆藏敦煌写本《六祖坛经》

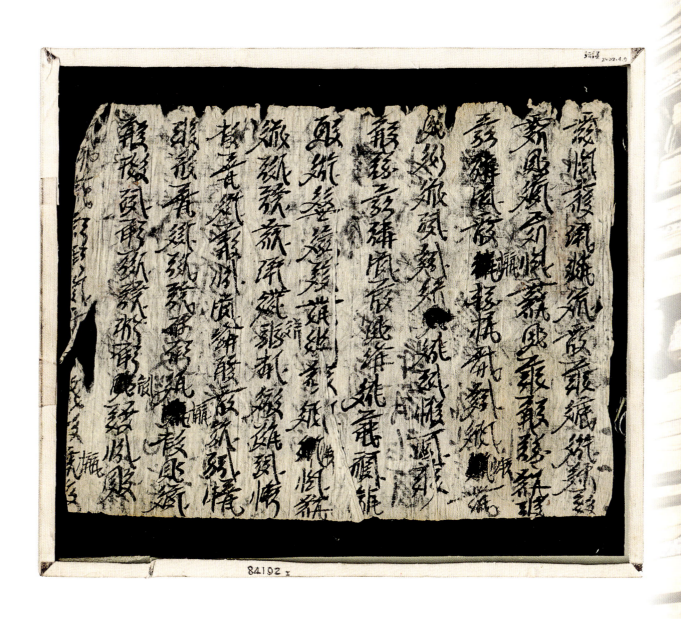

84192 I

六祖大师法宝坛经　**卷背**　瓜州审案记录　西夏文　西夏写本　存二叶

　　一面为《六祖坛经》，另一面为西夏时期瓜州审案记录。由手写本西夏文《六祖坛经》可知，西夏早期就在瓜州流传的禅宗的主要经典。

国家图书馆藏　名录11233

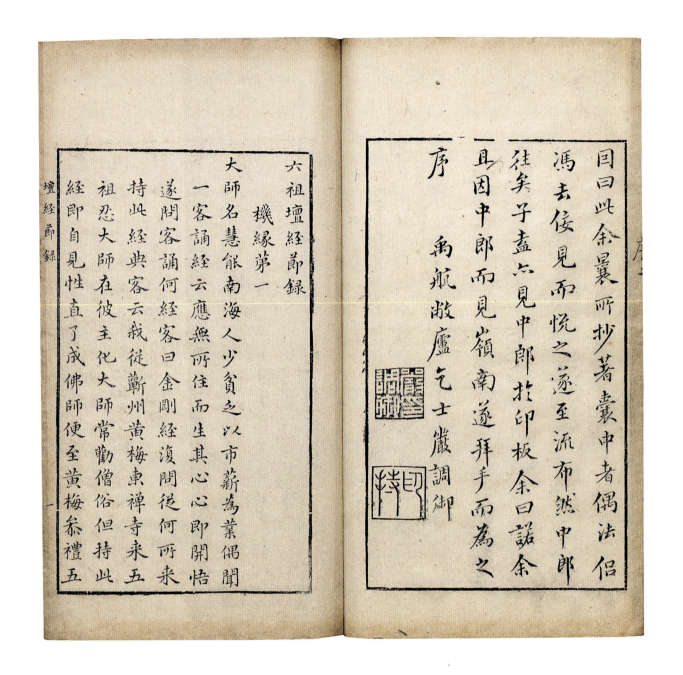

曰此余曩所抄著囊中者偶法侶
馮去俟見而悅之遂至流布然中郎
往矣子盍亟見中郎於印板余曰諾余
且因中郎而見嶺南遂拜手而為之
序　禹航澂廬乞士嚴調御

六祖壇經節錄

機緣第一

大師名慧能南海人少貧之以市薪為業偶聞
一客誦經云應無所住而生其心心即開悟
遂問客誦何經客曰金剛經復問從何所來
持此經典客云我從蘄州黃梅東禪寺來五
祖忍大師在彼主化大師常勸僧俗但持此
經即自見性直了成佛師便至黃梅恭禮五

壇經節錄

一

六祖坛经节录　（明）袁宏道辑　明刻本

记载慧能一生得法传宗的事迹和启导门徒的言教，内容丰富，文字通俗，是研究禅宗思想渊源的重要依据。《坛经》的思想对禅宗的发展起重要作用，中国佛教著作尊称为"经"的，仅此一部。

唐天宝十年（751），唐军与大食国军队战于怛罗斯（今哈萨克斯坦境内），唐军败绩。唐朝被俘士兵中的纸匠把造纸术带到了当地，而后逐渐扩展到大马士革、开罗以及摩洛哥与西班牙的一些城市，西方文明因此获得了迅速发展。

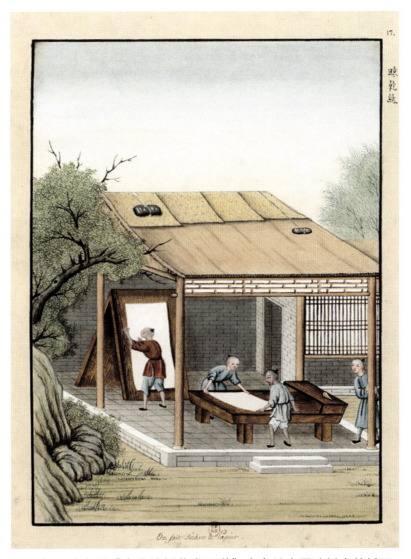

1775年，法文版《中华造纸艺术画谱》中有关中国造纸术的插图。

杜氏通典二百卷　（唐）杜佑撰　明嘉靖李元阳刻本

　　唐朝人杜环曾参加了怛罗斯之战，撰有《经行记》一书，记录了当时造纸术西传的具体过程。后该书散佚，幸有族叔杜佑所撰《通典·边防典》引用了该书相关内容达1500余字，成为中国造纸术西传的珍贵见证。

山东省图书馆藏　名录04242

伊斯兰教文化传入中国

7世纪中叶，伊斯兰教由阿拉伯经陆上和海上丝绸之路传入中国。宋时，来华的阿拉伯人、波斯人剧增，他们中的很多人信奉伊斯兰教，并与汉人通婚。13世纪，蒙古帝国三次西征，大批中亚人、波斯人、阿拉伯人东来，形成"元时回回遍天下"的局面，伊斯兰教文化也随之与中国传统文化逐渐交融。伊斯兰教地区的医药成就自唐中叶传入中国，明初汇编为《回回药方》。伊斯兰教历在元世祖时期传入中国，此后长期与郭守敬编订的《授时历》及明初的《大统历》并行天下，互相参用。时至今日，中国信奉伊斯兰教各少数民族在斋戒、朝觐、节庆等重大活动中，仍按回历举行。

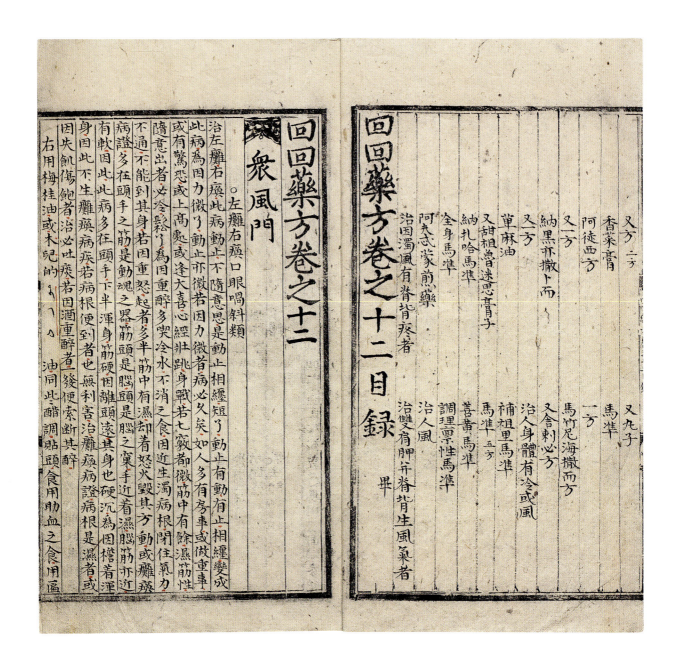

回回药方三十六卷　明抄本

本书是重要的汉文伊斯兰医药古籍。从目录来看，全书包括内、外、妇、儿、骨、烧、神经、皮肤、精神等科的治疗手册，分类繁细，收罗宏富。

一百三十七以一百二十三乘之又加一十以三
百三十四除之得數寄左其除不盡之數若在二
百一十一巳上其年中國有閏月巳下其年中國
無閏月若在巳上者與三百三十四相減餘以四
乘之又以四十一除之得數即為所求年中國閏
月也

假令除得一數是正月二數是二月餘傲此

當時測定太陽五星最高行度

太陽二宮二十九度二十一分

木星六宮初度八分

土星八宮酉度四十八分

金星二宮七度六分

火星四宮十五度四分

水星七宮六度十七分

七政經緯度法

太陽行度

求最高總度 全年即係西域歲前積年至洪武甲子歲積七百八十六算內减一算為

法曰置西域歲前積年併之假令零年是十年者去九年內取月分日數傲此共得即為所求最高總度也

求最高行度

法曰置求到最高總度內加測定太陽最高行度二宮二十九度二十一分共得為所求年白羊宮最高行度也如求次宮者累加五秒為各宮最高行度也

回回历法一卷　（明）吴伯宗译　明洪武十六年（1383）内府刻本

明太祖朱元璋重视回回天文历法，在他的支持下翻译了《回回历法》与其他一批阿拉伯天文著作，设立了南京鸡鸣山的观象台和回回钦天监，使《回回历法》在明代占有一席之地，并与《大统历》长期参用。

马可·波罗旅行路线图 （意大利）乔瓦尼·巴蒂斯塔·巴尔代利·博尼编制 意大利文 1822年

　　《马可·波罗游记》是意大利人马可·波罗口述东游见闻，由鲁斯蒂凯洛·达·皮萨笔录成书。它是西方认识中国历程中里程碑性的著作，在欧洲掀起了一股"中国热""东方热"，并催生了欧洲近代地理大发现。本图出自 *Carte Geografiche Attenenti All' Opera Dei Viaggi Di Marco Polo*，据《马可·波罗游记》所载信息绘制而成。

国家图书馆藏

海上丝绸之路

秦汉时期，中国不仅开通了陆上丝绸之路，也开辟了海上丝绸之路。《汉书·地理志》翔实地记载了当时的航路，中国精美的丝绸、瓷器、茶叶、手工艺品等沿着海上丝绸之路源源不断地涌入东亚、东南亚、南亚以至欧洲与非洲。而来自异域的玛瑙、珊瑚、水晶、琉璃、香料等也由海上丝绸之路转运至中国。在长达千年的海上贸易中，琳琅满目的商品在古老航路上川流不息，为古代世界文明的发展作出了积极贡献，其影响力至今犹在。

爲越王是時秦南海尉趙佗亦自王傳國至武帝時盡
滅以爲郡云處近海多犀象毒冒珠璣銀銅果布之湊
中國往商賈者多取富焉番禺其一都會也自合浦徐
聞南入海得大州東西南北方千里武帝元封元年略
以爲儋耳珠厓郡民皆服布如單被穿中央爲貫頭男
子耕農種禾稻紵麻女子桑蠶織績亡馬與虎民有五
畜山多麈麖兵則矛盾刀木弓弩竹矢或骨爲鏃自初
爲郡縣吏卒中國人多侵陵之故率數歲壹反元帝時
遂罷棄之自日南障塞徐聞合浦船行可五月有都元
國又船行可四月有邑盧没國又船行可二十餘日有

諶離國步行可十餘日有夫甘都盧國自夫甘都盧國
船行可二月餘有黃支國民俗略與珠厓相類其州廣
大戶口多多異物自武帝以來皆獻見有譯長屬黃門
與應募者俱入海市明珠璧流離奇石異物齎黃金雜
繒而往所至國皆稟食爲耦蠻夷賈船轉送致之亦利
交易剽殺人又苦逢風波溺死不者數年來還大珠至
圍二寸以下平帝元始中王莽輔政欲燿威德厚遺黃
支王令遣使獻生犀牛自黃支船行可八月到皮宗船
行可二月到日南象林界云黃支之南有已程不國漢
之譯使自此還矣

前汉书一百卷　（汉）班固撰　明德藩最乐轩刻本
　　《汉书·地理志》最早系统记载了海上丝绸之路。根据书中记载，南海航线最远可达印度南部东
海岸，番禺、徐闻、合浦（今北海）等地是中国境内海上丝绸之路的早期港口。

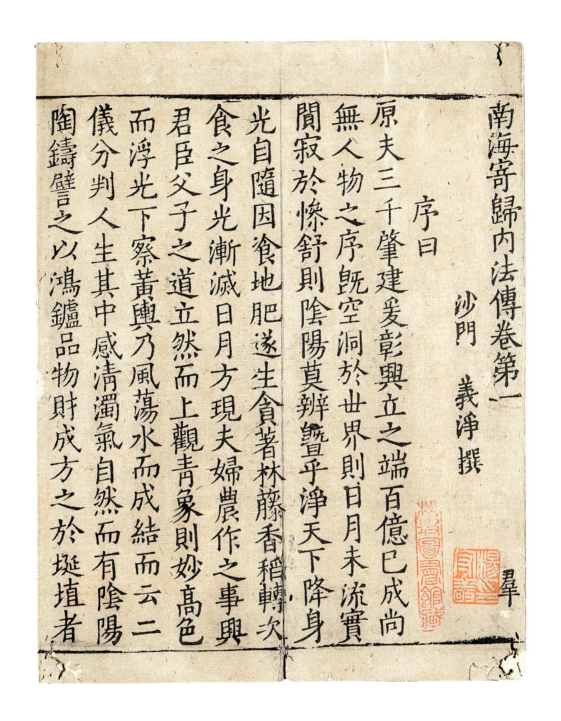

南海寄歸內法傳卷第一

沙門 義淨撰

序曰

原夫三千肇建爰彰興立之端百億已成尚

無人物之序旣空洞於世界則日月未流實

閴寂於憀舒則陰陽莫辨暨乎淨天下降身

光自隨因飡地肥遂生貪著林藤香稻轉次

食之身光漸滅日月方現夫婦農作之事與

君臣父子之道立然而上觀青象則妙高色

而浮光下察黃輿乃風蕩水而成結而有陰陽二

儀分判人生其中感清濁氣自然而有陰陽

陶鑄譬之以鴻鑪品物財成方之於埏埴者

羣

南海寄归内法传四卷 （唐）释义净撰 宋靖康元年至绍兴二年（1126—1132）王永从刻思溪藏本

唐咸亨二年（671），义净效法法显、玄奘，赴印度求法，由广州乘波斯舶赴印。在印13年，历30余国，先后得梵本经、论、律近400部，合50万颂。武则天垂拱元年（685）循海返国，三年抵室利佛逝国，留居约八年之久。其间于武周天授二年(691)撰成此书，记述了室利佛逝、末罗游、羯荼等东南亚诸国的社会、文化情况，特别是佛教流行情况、教义、经律等，同时记述了海上交通的航程、重要国家、港口等情况，是研究中西海上交通史和古代东南亚地区社会文化的珍贵资料。

郑和下西洋

明永乐三年（1405），明成祖朱棣以郑和为钦差正使，带领二万七千余人组成的船队前往南太平洋、印度洋及东非诸国，揭开了明初下西洋的序幕。此后郑和船队不断往返于大明与诸国之间，一直持续到宣德八年（1433），前后多达七次。在持续二十八年的航海活动中，郑和船队先后打通了沿线海道及部分国家的阻碍，航程最终远及东非沿岸各国。这一航海活动成为世界大航海时代开始之前，我国开拓航海事业的重要里程碑，也促成了各国频繁而深入的社会经济文化交流，对远航所及各国社会风尚、科学技术、饮食起居等方面产生了深远影响。

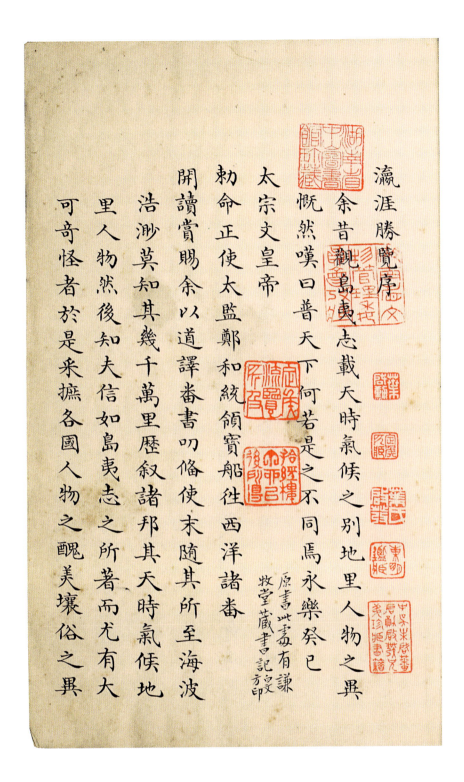

瀛涯勝覽序

余昔觀島夷志載天時氣候之別地里人物之異慨然嘆曰普天下何若是之不同焉永樂癸已

太宗文皇帝勅命正使太監鄭和統領寶船往西洋諸番開讀賞賜余以通譯番書叨陪使末隨其所至海波浩渺莫知其幾千萬里歷叙諸邦其天時氣候地里人物然後知夫信如島夷志之所著而尤有大可奇怪者於是采摭各國人物之醜美壞俗之異

瀛涯胜览一卷　（明）马欢撰　清抄本　翁方纲、叶启勋跋

本书作者为明代通事，通阿拉伯语，曾经在永乐十一年（1413）、永乐十九年、宣德六年（1431）三次随郑和下西洋。永乐十四年开始，他将亲身经历的航路、海潮、地理、政治、民俗、人物、文字、物产等情况记录下来，撰成本书，成为研究郑和以及明代中外交通历史的第一手资料。

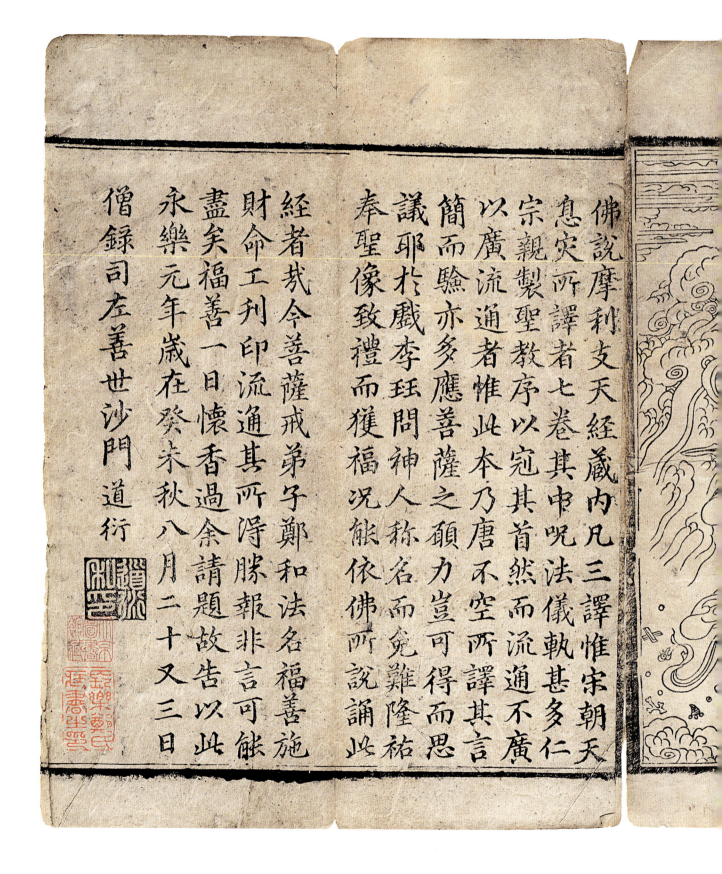

佛說摩利支天經藏內凡三譯惟宋朝天
息災所譯者七卷其中呪法儀軌甚多仁
宗親製聖教序以冠其首然而流通不廣
以廣流通者惟此本乃唐不空所譯其言
簡而驗亦多應善薩之頹力豈可得而思
議耶於戲李珏問神人稱名而免難隆祐
奉聖像致禮而獲福況能依佛所說誦此

經者哉今善薩戒弟子鄭和法名福善施
財命工刊印流通其所得脓報非言可能
盡矣福善一日懷香過余請題故告以此
永樂元年歲在癸未秋八月二十又三日
僧錄司左善世沙門道衍

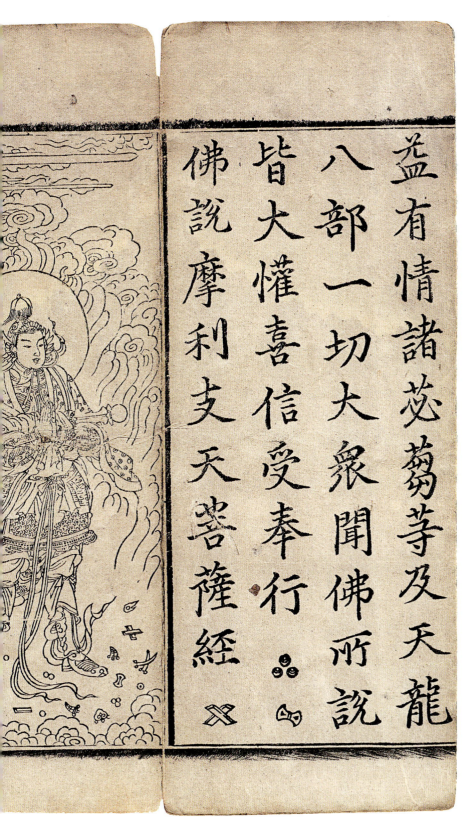

佛說摩利支天菩薩經

皆大懽喜信受奉行。

八部一切大眾聞佛所說

益有情諸苾蒭等及天龍

佛说摩利支天菩萨经一卷

（唐）释不空、（元）释法天译

明永乐元年（1403）郑和刻本

郑和笃信佛教。他为求佛祖庇佑，刊印了大量佛经，捐给各地寺庙。

国家图书馆藏　名录04966

　　成书于明永乐年间的明抄本《顺风相送》在现存文献中最早记载了钓鱼岛。原文为："福建往琉球……北风东涌开洋，用甲卯取彭家山，用甲卯及单卯取钓鱼屿。"这与明代航海图《塞尔登地图》所标注的航海路线相符。这证明了早在明永乐年间，中国就发现并命名了钓鱼岛。目前，上述两种文献收藏在英国牛津大学博德利图书馆。

顺风相送

塞尔登地图

西学东渐与中学西传

随着新航路的开辟，明清时期大批传教士来华，成为中西方科技文化交流的主要推动者。他们在传教的过程中带来了西方科学技术，促进了中国人对欧洲文明的认识；与此同时，又通过编译中国典籍文献，撰写游历中国社会见闻，将中国文化传播到西方。

科技的中西传动

以利玛窦为代表的西方传教士倡导"学术传教"，通过与徐光启等中国上层知识分子合作，译著了《几何原本》《远西奇器图说录最》《浑盖通宪图说》等著作，对中国的天文学、数学、历法、制图、测绘等产生了重要影响。

耶稣会士金尼阁编译的《利玛窦中国札记》，以及意大利传教士卫匡国编写的《中国上古史》，在欧洲都引起了巨大反响。卫匡国参考中国古代地理图籍编辑的《中国新地图集》，成为欧洲中国地图绘制史上的里程碑。中国的中医、中药也在这一时期由波兰传教士卜弥格介绍到西方。

利玛窦与徐光启

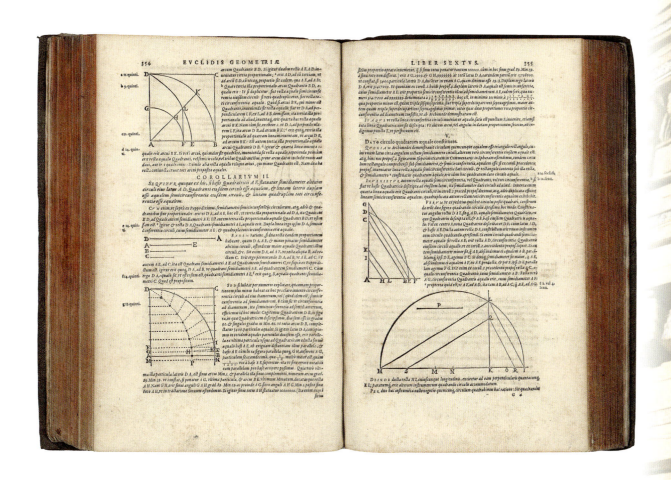

欧几里得《原本》十五卷 （古希腊）欧几里得著 （德国）克里斯托夫·克拉维乌斯编注 拉丁文 科隆1591年版

古希腊数学家欧几里得的代表作《原本》是欧洲数学的基础。12世纪初，欧洲基督教学者在阿拉伯发现《原本》的阿拉伯语译本，将其转译为拉丁文。1607年利玛窦和徐光启合译了前六卷，取名《几何原本》，为此书最早的汉译本。1857年，伟烈亚力和李善兰合译了后九卷。

D   E
LI-CI   LVM-YEN.
Fructus Sinici.

Lici & Lumyen Arbores atque fructus, folùm apud Sinas reperiuntur, atque non nifi in aliquot Auftralibus Provincijs. LI-CI fructus corticem ficut depictum vides, in modum piniferæ Arboris fructus refert, fed Lum-yen læviffimam pelliculam habet, vterque fapit fraga & vuas. Sinenfes ficcos fructus hyemis tempore venales deferunt in alias partes. Vinum etiam ex fructu vtroque fuave conficiunt. Julio & Junio menfibus maturefcunt; illorum nuclei inferviunt pro medicina. Sinenfes pulverem ex illis factum bibendum præbent ægrotis. Si dicti fructus fint fylveftres, nucleos grandes & de fubacida carne parum, fi tranfplantati nucleos exiguos, & de carne dulci plurimùm habent. Caro eft coloris vnguium humanorum, vt autem pluribus diebus conferventur recentes, falita aqua depofiti ex arbore afperguntur, & durant multorum dierum fpatio, abftractoque cortice, recentium faporem fructuum præftant, LI-CI creditur effe fructus calidæ qualitatis Lum-yen vero temperatæ.

C   GIAM.

中国植物志　（波兰）卜弥格撰　拉丁文　维也纳1656年初版印本

　　本书为来华传教士的第一本关于中国植物的专著，问世后在欧洲引起了很大的反响。书中介绍了椰子、荔枝、芒果、槟榔、麝、海马、豹等30余种主要生长在中国热带地区的动植物的特性和产地，附有27张精美彩色插图，标有中文名称及注音。

上海图书馆藏　名录12267

1708年，清朝政府组织传教士们绘制中国地图，后用10年时间绘制了科学水平空前的《皇舆全览图》，走在了世界前列。但是，这样一个重要成果长期被作为密件收藏内府，社会上根本看不见，没有对经济社会发展起到什么作用。反倒是参加测绘的西方传教士把资料带回了西方整理发表，使西方在相当长一个时期内对我国地理的了解要超过中国人。这说明了一个什么问题呢？就是科学技术必须同社会发展相结合，学得再多，束之高阁，只是一种猎奇，只是一种雅兴，甚至当作奇技淫巧，那就不可能对现实社会产生作用。

　　——习近平在中国科学院第十七次院士大会、中国工程院第十二次院士大会上的讲话

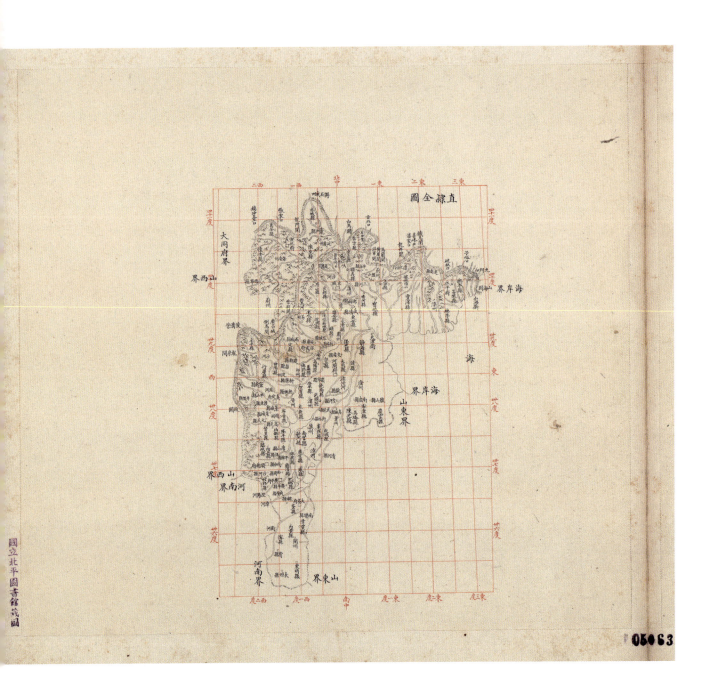

皇舆全览图　清康熙末年单色绘本

本图据清康熙六十年（1721）木版《皇舆全览图》缩绘。《皇舆全览图》由康熙皇帝亲自主持并聘请西洋传教士经过经纬度测量绘制而成，是我国第一幅绘有经纬线的全国地图。康熙五十八年由朝廷使用西洋铜版印制。

国家图书馆藏

铜版画艺术的互鉴

西方铜版画在明代传入中国，但在中国的刊刻则始于清康熙时期，意大利传教士马国贤主持了铜版画《御制避暑山庄三十六景诗图》《皇舆全览图》的制作及印刷。乾隆四十年（1775），由法国制作的《平定准噶尔回部得胜图》铜版画及相关书籍、纸张、墨粉、印刷器具等运达北京，为以后清宫铜版画的制作提供了技术和设备条件。乾隆五十一年，铜版组画《圆明园长春园图》出版，标志着清廷已经充分掌握了该项技术。此后相继出版了《平定台湾得胜图》《平定廓尔喀得胜图》等大批铜版画。《平定准噶尔回部得胜图》等铜版画在欧洲的传播，影响了当时欧洲的绘画、园林等艺术风格。

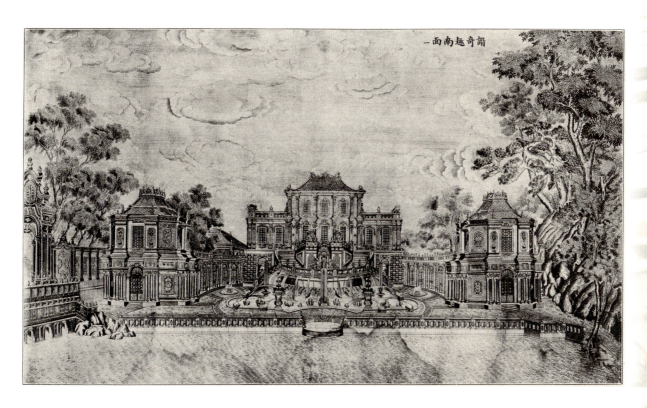

圆明园东长春园图　清乾隆五十一年（1786）制

中国人在本土自己制作成功的第一套铜版画，描绘了圆明园长春园西洋楼建筑群十二景，包括谐奇趣、蓄水楼、万花阵、养雀笼、方外观、竹亭、海晏堂、远瀛观、大水法、观水法、线法山和线法画，每处景观一至四幅。

国家图书馆藏

音乐艺术的交流

利玛窦将当时欧洲流行的击弦式古钢琴传入中国，并在其《中国札记》中向西方介绍了中国的戏曲和音乐。葡萄牙传教士徐日昇所著的《律吕纂要》，首次用中文系统介绍了欧洲音乐的五线谱、音阶、节拍与和声等乐理知识。意大利人德里格是清康熙、雍正、乾隆三朝宫廷乐师，他所创作的《德里格小提琴奏鸣曲》，是目前在中国发现的唯一一部18世纪欧洲原创音乐作品手稿。他在清廷组织编纂的《律吕正义·续编》中介绍了西方乐理知识。

德里格小提琴奏鸣曲　（意大利）德里格作曲　意大利文　18世纪稿本

意大利传教士德里格创建了北京西直门天主堂，并在该堂传教直至去世。德里格擅长音乐、绘画、制作乐器。本书以毛笔书写，是德里格创作的12首小提琴奏鸣曲稿本。

国家图书馆藏　名录11373

流行欧洲的儒学热潮

在中学西传的过程中，孔子和他所代表的儒家学说是西方人了解中国最早也是最重要的文化之一。《利玛窦中国札记》中介绍了孔子、儒家思想及其历史地位。随着《大学》《中庸》《论语》等的翻译，以及《大中国志》《中国上古史》等汉学著作对儒家思想的介绍，中国传统文化特别是儒学开始在西方加速传播，欧洲出现了"中国热"。启蒙运动时期，欧洲思想家伏尔泰、莱布尼茨、孟德斯鸠等人，都从博大精深的儒家学说中汲取营养，形成了自己的思想体系。儒家的哲学理性观念成为当时进步思想的来源之一，其影响力遍及欧洲诸国。

拉丁文版《中庸》

法文版《孔子小传》

论语 （意大利）殷铎泽译 汉文、拉丁文 1662年刻本

殷铎泽，清初来华的意大利传教士。1662年，殷铎泽和郭纳爵所撰的《中国的智慧》（*Sapientia Sinica*）在江西刊刻出版。书中包括"四书五经"的简要介绍、孔子传记、中拉双语对照的《大学》和《论语》的前五章。上海图书馆所藏为该书的《论语》部分。

上海图书馆藏　名录12272

影响世界的老子《道德经》

中国先哲老子《道德经》的独特智慧，不仅是中国思想文化的源头活水，也深刻影响了整个世界的哲学进程。《道德经》在国外的传播历史非常悠久，至迟在隋代，《道德经》就传到了日本；唐代，《道德经》传到了朝鲜半岛。16世纪西方传教士来到中国后，《道德经》开始进入西方世界。目前所知较早的传本是比利时传教士卫方济的拉丁文译本。随后，法文译本、英文译本、德文译本等先后问世。《道德经》中蕴含的哲学智慧受到了当时欧洲众多哲学家、思想家、科学家的重视和喜爱，并从中得到深刻启发。黑格尔、罗素、海德格尔、托尔斯泰、爱因斯坦、李约瑟等著名人物，都对《道德经》给予了高度评价。

古籍保护　任重道远

为了抢救、保护我国珍贵古籍，继承和弘扬中华优秀传统文化，2007年1月19日，国务院办公厅下发了《国务院办公厅关于进一步加强古籍保护工作的意见》（国办发［2007］6号），正式实施"中华古籍保护计划"，这是我国历史上首次由政府主持开展的全国性古籍保护工程。按照《意见》要求，建立了全国古籍保护工作部际联席会议制度、全国古籍保护工作专家委员会和国家古籍保护中心，各省、自治区、直辖市相继成立了古籍保护领导小组、厅际联席会议制度、省级古籍保护中心和专家委员会，形成了覆盖全国的古籍保护工作体系。"中华古籍保护计划"启动以来，中央累计投入古籍保护专项资金2.2亿元，带动地方投入资金3亿元，有力地推动了古籍保护工作在全国普遍展开。

"中华古籍保护计划"的主要内容

1. 开展全国古籍普查登记工作，建立中华古籍联合目录和古籍数字资源库；

2. 建立《国家珍贵古籍名录》，实现古籍分级保护；

3. 命名"全国古籍重点保护单位"，完成一批古籍书库的标准化建设；

4. 加强古籍修复工作，培养一批具有较高水平的古籍保护专业人员；

5. 逐步形成完善的古籍保护工作体系，使我国古籍得到全面保护。

十年来，全国古籍保护工作取得了一系列成果，大致有以下几个方面：

全国古籍普查登记工作	初步统计，全国共有2000余家古籍收藏单位，收藏古籍500余万部。自2012年至今，近1100家古籍收藏单位完成古籍普查登记工作，完成普查数据量200余万条。同时编纂出版《全国古籍普查登记目录》，已完成95家收藏单位的《全国古籍普查登记目录》共计21种47册，收录383766条款目。通过"全国古籍普查登记基本数据库"陆续发布。	
《国家珍贵古籍名录》	国务院共公布五批《国家珍贵古籍名录》，计有457家古籍收藏机构及个人收藏或持有的12274部古籍被列入该目录。全国19个省份先后开展省级《珍贵古籍名录》评审工作。	
"全国古籍重点保护单位"	国务院先后命名5批180家"全国古籍重点保护单位"。除部分边远地区因经济社会发展条件限制外，90%的"全国古籍重点保护单位"已新建或改建了古籍库房，带动全国1000余家古籍收藏单位不同程度地改善条件、完善制度。	
专业人才培养	各类培训班	国家古籍保护中心共举办古籍修复、普查、鉴定、管理等各类培训班153期，培训古籍从业人员8038人次，涵盖全国1700余家古籍收藏单位；截至2015年底，各省自行举办培训班198期，培训在职人员7391人次。
	国家古籍保护人才培训基地	12家：国家图书馆、天津图书馆、辽宁省图书馆、上海图书馆、复旦大学图书馆、江苏省古籍保护中心、浙江图书馆、山东省图书馆、广东省立中山图书馆、中山大学图书馆、贵州省古籍保护中心、甘肃省古籍保护中心
	与高等院校合作培养古籍保护硕士学历教育	4家：中山大学、复旦大学、中国社会科学院研究生院、天津师范大学

专业人才培养	国家级古籍修复技艺传习中心及传习所	22家：国家图书馆、天津图书馆、辽宁省图书馆、山东省图书馆、甘肃省古籍保护中心、云南省图书馆、中山大学图书馆、上海图书馆、复旦大学图书馆、浙江图书馆、江苏省古籍保护中心、湖北省图书馆、重庆图书馆、陕西省图书馆、广东省立中山图书馆、山西省图书馆、安徽省图书馆、湖南省图书馆、首都联合职工大学国家图书馆分校传习所、四川西部文献修复中心、四川古籍修复中心传习所、李仁清传习所
古籍修复工作		全国古籍修复专业人员从"中华古籍保护计划"启动前的不足100人增加到1000余人。12家"国家级古籍修复中心"修复场所总面积超过6000平方米，从事古籍修复的专业人员总数达到147人，其中已有7家单位获得国家"可移动文物修复资质"。
古籍整理、利用	《中华再造善本》	包括《唐宋编》《金元编》《明代编》《清代编》和《少数民族文字编》，共收录珍贵古籍1341部。《中华再造善本》先后入藏国家图书馆、100所高等院校、31家省级图书馆以及国内外学术机构。
	数字化项目	累计完成古籍数字化超过29000部，通过网络发布古籍资源超过15000部。
新疆、西藏专项		国家古籍保护中心联合新疆、西藏两地区古籍保护中心，持续组织开展古籍调查、登记、整理工作，西藏著名宗教寺庙全面启动古籍普查登记。开展两地珍贵古籍的缩微、数字化和整理出版工作，加强宗教历史文献的揭示与利用。结合保护工作实践，加强少数民族古籍保护人才培养，支持两地先后建立自治区古籍修复中心。重视对民族地区古籍保护工作的宣传推广，举办"西域遗珍——新疆历史文献暨古籍保护成果展"等大型活动。
海外中华文献典籍合作保护项目		已收集美国、加拿大、西班牙、日本等四个国家20余家古籍收藏单位的古籍目录数据，建立"海外中华古籍数据库"，累计登记数据24万条（含子目）；与北美、英、法等国多家图书馆开展合作，陆续出版《海外中华古籍书志书目丛刊》《海外中华古籍珍本丛刊》等系列。2015年4月，中国国家图书馆获法国国家图书馆捐赠的该馆馆藏《圆明园四十景图》数字版本，同时与其就受赠馆藏全部敦煌文献数字版本达成协议；与英国国家图书馆及英国牛津大学博德利图书馆等多家海外图书馆达成协议，开展其馆藏《永乐大典》数字化出版工作等。
宣传工作		累计举办各类特展、大型专题展览17场，各种巡展500余场，讲座600余场次，在传统纸媒开设专版、专栏200余版次，各类报道超过万次，建立并完善"中国古籍保护网"。

国家级古籍修复技艺传习中心及传习所

传习所	导师	导师助理	学徒
国家级古籍修复技艺传习中心（国家图书馆）	杜伟生、朱振彬		9人（胡泊、田婷婷、提娜、宋晖、侯郁然、谢谨诚、潘菲、郭志新、崔志宾）
天津图书馆传习所	万群		6人（张建国、赵海云、王超、杨涛、叶旭红、高学淼）
辽宁省图书馆传习所	赵嘉福		5人（王斌、丛中笑、王乃平、施瑶、崔锦兰）
山东省图书馆传习所	潘美娣		7人（杨林玫、张丽丽、焦雅慧、商红岩、侯妍妍、杨洁、王晔）
甘肃省古籍保护中心传习所	师有宽		10人（何谋忠、师青、曹有林、左瑾、张文军、陈润莉、黄海霞、盛继军、王尔曼、李小宝）
云南省图书馆传习所	杨利群		12人（杨楠郡、施济颖、杨敏仙、安捷、郭静、刘洁、陈春艳、胡浩宇、蔡磊、段开伦、王丽萍、张永琼）
中山大学图书馆传习所	潘美娣、林明	肖晓梅	8人（邱蔚晴、杨利丽、陈斯洁、张怡、邱嘉怡、张亮、张珊珊、张淑平）
上海图书馆传习所	张品芳、邢跃华		5人（王晨敏、吕迎吉、陈茜、叶鸣、陆程波）

修复成果
《御题棉花图》册页、《漆林章氏宗谱》、《至圣先师孔子林图》、《盛朝七省沿海图》、《泾清渭浊图》、《犬伯舉拓本》、《福星照》、印本《金刚经》、《木兰图式》、《宋版春秋经传集解》、《心香阁考定二十四气中星图》、《乡合试朱卷合集》、《圣迹图》册页、《光绪八年壬午科江西乡试题》、《推背图》、《御制大云轮请雨经》等30余册，天禄琳琅专项修复项目、西域文献修复项目。
《平妖记》3册，清《古鉴阁藏晋十七帖集联拓本》1册、《望古遥集诗存》1册、《禅林三字经》1册、《中国近代史词典》1册、《辞海》1册、《民国人物大词典》1册、《说文解字》1册、《拣金律赋》1函6册、《玉台新咏》6册、《王渔洋遗书二种》1函2册、《临证指南医案》1函12册、《纳兰词》1册、《批点三字经注解》、《三字经浅解》2种2册、《民国天津地图》1张，合计40余册。
修复《四部备要》中破损严重的古籍21册、《民国东北大学论文》3册，合计24册。
完成拓本《妙法莲华经》5叶25面的修复，每人修复藏书家周晶先生的部分有偿捐赠古籍2册。完成了六种装帧形式样本的制作及函套至少各一套。完成《文选》修复项目。
前三季度共完成修复156册，约8000叶，其中包括甘肃省图书馆藏普通古籍81册、善本古籍75册。修复古字画2幅，装裱书画作品20余幅。
装裱手卷1幅（高48公分，长8米），修复并装裱破损字画条幅4幅，装裱条幅2幅，装裱横幅5幅。参与修复了798页藏文古籍、《雪庐读史快编》1册、《文心雕龙》1册。
《封神演义》《加布西德纳曼》《唐代军制史》《清史稿》《韩非子》《时事画报》等80余册。
《劫灰录》《浙江乡试》《冲用编入药镜》《娄县续志》《新修山东盐法治》《待鹤山人唱和集》等文献81册；分别为木心美术馆、上海市高等人民法院、上海市徐汇区文化局张乐平故居等制作仿真件87件；修复馆藏旧拓片51件。其中修复拓片34件，经折裱本6册，立轴11件；制作馆藏碑帖拓片100件；书画修复装裱55件。

传习所	导师	导师助理	学徒
复旦大学图书馆传习所	赵嘉福、童芷珍		3人（喻融、叶倩如、沈喆鞾）
浙江图书馆传习所	胡玉清	闫静书	4人（汪帆、柏萍、金琪、王洁）
江苏省古籍保护中心传习所	邱晓刚		2人（张百慧、陈婧）
湖北省图书馆传习所	张平、张品芳		4人（盛兰、王莹、田雪兆、饶金荣）
重庆图书馆传习所	赵嘉福	许彤	6人（李腾达、陈勇、许彤、傅晓岚、景卫红、李冬凌）
陕西省图书馆传习所	万群		4人（薛继民、魏瑜、陈彦婷、吴菲菲）
广东省立中山图书馆传习所	杜伟生	肖晓梅	14人（吴小兰、余少光、张惠娥、陈文卿、彭道友、孙玉东、祖巍、穆笛、沙明金、谭锦华、胡露、李崧、陈佳瑜、毕佳）
山西省图书馆传习所	胡玉清		
安徽省图书馆传习所	潘美娣		
湖南省图书馆传习所	师玉祥		6人（施文岚、颜胜、赵华、张惟蔚、徐珑、刘素娟）
首都职工联合大学 国家图书馆分校传习所	魏立中		5人（魏立君、魏锦添、田洪涛、李斌、吴明轩）
四川西部文献修复中心传习所	杜伟生	许彤	11人（潘艳、贾芳、罗凤鳞、蒋玉、万小兰、张石、蔡鑫、施英涛、杨世全、何洁、于雯）
四川古籍修复中心传习所	徐建华	袁玉珏、区萍、许卫红	
李仁清传习所	李仁清		6人（李泽民、李正、彭清、王瑱、王朝攀、李韵）

修复成果

镜片装2个、经折装2本、立轴装2个、墨拓28、朱拓20、线装1本、软面包背装1本。

《唐诗拾遗十卷》1册、《重刊并音连声韵学集成十三卷》4册、《文坛列俎十卷》9册。

《最高法院判例要诠》《教育丛著》等10册民国文献的修复任务。

《山谷闲谈》《精校种痘新书》《校正图注难经脉诀》《张氏族谱》《春秋女谱》《范氏宗谱》《黄氏家谱》《钱氏家谱》等，外单位送修档案、抗战老兵委任奖等以及制作拓片、拓本。

修复古籍《墨欢吟馆诗存》《山海经》《罗湖野录》《古今医统大全》等31部41册，《肖氏家谱》1部3册。修复拓片《史晨碑》《多宝塔》《虞恭公温公碑》等137种137张。修殿试卷一册。刻碑《顾廷龙书法》等。

开始《古今图书集成》修复项目，为随之开展的馆藏珍贵古籍修复工作提供理论和实践指导；调研国内《集成》存藏状况，结合调研结果解决本项目装帧装具缺失现状；对文献进行酸碱度等相关测试研究，形成完整的监测数据，为分析陕西馆馆藏古籍破损情况提供相关依据，并定期进行跟踪监测，为今后古籍保护提供理论和实践指导。

修复拓片《粤岳祠记》《南汉芳华苑铁盘》等37种62张，古籍线装书《当阳县志》《汉书注校补卷》等41种54册2206叶。

山西省国家珍贵古籍修复项目

张宗祥水印笺纸一套10张、《三字经》一册、猴年大吉门神一对、木刻《心经》一幅，总数200件。

山西省国家珍贵古籍修复项目

山西省古籍保护中心2016年启动"山西省国家珍贵古籍修复项目",第一阶段对山西省图书馆和曲沃县图书馆所藏、以入选《国家珍贵古籍名录》为主的22件一级善本进行修复。此次申报"山西省国家珍贵古籍修复项目"的古籍均为佛教文献。山西省古籍藏书的最大特色是佛教典籍藏量丰富且版本珍贵,目前,全省所有公藏单位所藏宋元以前一级善本绝大部分为佛经,且多已入选《国家珍贵古籍名录》。

这些珍贵古籍破损十分严重,主要类型有絮化、缺损、撕裂、老化、污渍等。胡玉清老师指导山西省古籍修复中心邢雅梅、傅艳红、高晓英、张育霞四人先行修复曲沃县图书馆所藏12件国家一级珍贵古籍,目前已完成六件藏品的修复,有四件正在修复中。主要采用了局部修补的方法,根据原件的纸张状况,采用手工皮纸作为补纸。

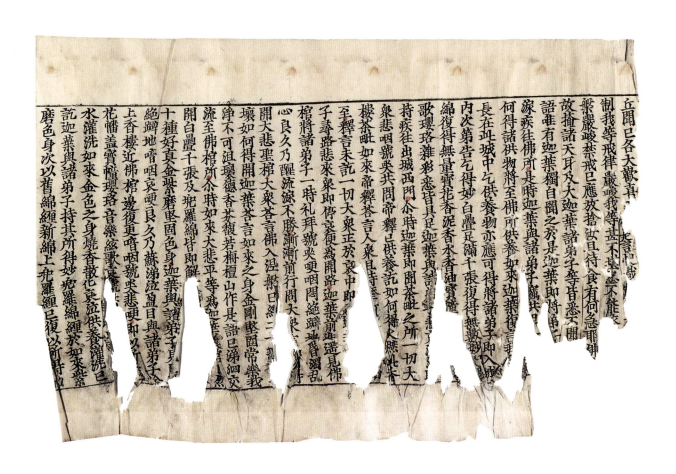

修复前

修复后

大般涅槃经后分二卷　（唐）释若那跋陀罗译　北宋刻本　存一卷（下）
卷轴装
修复人：胡玉清

山西省曲沃县图书馆藏　名录00938

山东省图书馆《文选》"蝶变"

宋赣州州学刻本《文选》是山东省图书馆收藏的五部宋版书之一，虽为断珪残帙，但有王懿荣、王崇焕、王献唐三人题识，亦弥足珍贵，已入选第二批《国家珍贵古籍名录》，有着较高的版本价值和文物价值。此书修复前的基本状况为：书叶变脆；版心断裂；有修复过的痕迹，书叶后面有托纸；浆糊已失效，以单叶存在，已失蝴蝶装原貌。不仅不能向社会提供阅览服务，即使展览时也会掉碎屑，平时不得不用包袱包着出库。

《文选》修复七大创新：项目管理制度、专家论证会制度、试修本制度、预作装帧形式、以科学检测为依据、保留影像等新的记录方式、行成修复报告。

山东省图书馆藏宋刻本《文选》通过这次加固脱酸，从已经不能翻阅、"濒临死亡"的状况获得"重生"，完成"蝶变"，并于2012年1月与世人见面，引起社会各界关注。

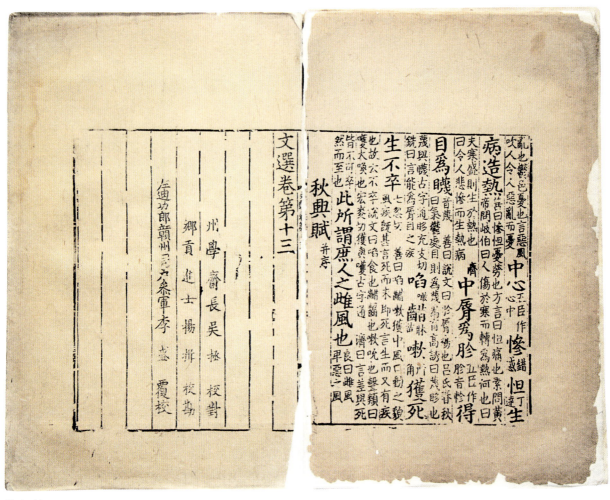

修复前

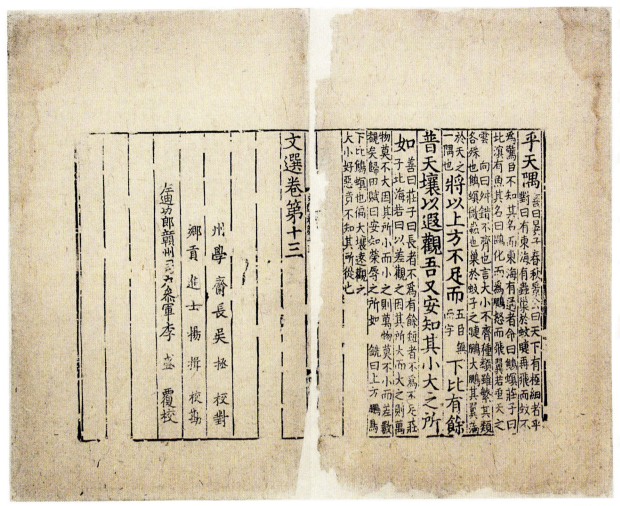

文选六十卷 （南朝梁）萧统辑 （唐）李善、吕延济、刘良、张铣、吕向、李周翰注 宋赣州
州学刻宋元明递修本 王懿荣、王崇焕、王献唐跋 存三卷（十二至十三、四十二）
修复人：潘美娣、杨林枚、侯妍妍、焦雅慧、杨洁、商红岩、张丽丽
山东省图书馆藏 名录03161

修复后

云南省迪庆藏族自治州图书馆藏藏文古籍修复

2010年9月，云南省迪庆藏族自治州香格里拉县格咱乡纳格拉藏经洞内发掘出一批藏文古籍。纳格拉位于格咱乡西北，这一带地形险恶，仅有一条崎岖山路通往外界。藏经洞距离纳格拉村15公里左右，洞穴可容纳200人居住，距离洞穴一公里处有一石砌防御工事遗址，洞外有人工石砌的高墙，唯一进出洞穴的通道是一根高挂在石墙上的独木悬梯。当时迪庆州图书馆古籍考察队发掘出藏经约7000余张，大部分破损严重。经文属于《中华大藏经》的《甘珠尔》部分，经书多为《波罗蜜心经》《大藏经》和《宝积经》，也有少部分祭祀书，书叶两面都写有文字，属纯手工抄写而成，纸张属藏族地区

修复前

特有藏纸，是由高原地区狼毒根茎制成，是极其难得和珍贵的手写版本。

　　云南省图书馆修复工作人员在馆长王水乔组织下，就此批藏文古籍的破损情况、纸质特性进行了深入研究，同时邀请国家图书馆古籍修复专家杜伟生及西藏自治区图书馆古籍保护中心藏文保护专家前来指导，研究出一套可行的修复案。在修复过程中采用人工纸浆补书法，利用狼毒草根肉熬制的汁与纸浆混合后进行修补。2014年云南省图书馆举办了多期藏文古籍修复技术培训班，通过边学习边修复的形式抢救性修复了部分藏文古籍。

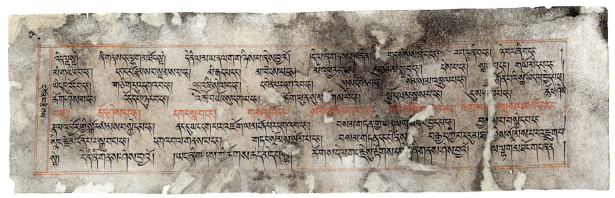

修复后

般若经　宝积经　记事本　藏文

修复人：杨利群及其徒弟

云南省迪庆藏族自治州图书馆藏

云南省民族古籍办彝文古籍修复

2011年，云南省元阳县彝族地区德高望重的毕摩李亮文去世后，因家族中无人能识读传承其保存的彝文古籍，经当地民间较有威望的长老作中间人，说服其子女将家中包括卜书在内的12部彝文古籍交由云南省少数民族古籍整理出版规划办公室保管。2015年11月云南省图书馆古籍修复组在石屏县图书馆举办"云南省第四期少数民族古籍修复技术培训班"，集中全省古籍修复技艺较为突出的人员修复了一批彝文古籍。本次修复《元阳彝族彩图卜书》，采用云南省大理州鹤庆县松桂镇生产的手工皮纸并作为补纸，采取正面拼接、背面修补和局部托裱的方法进行修复。利用贵州丹寨的四层皮纸做封面，比书叶稍宽的麻布为封底，采用五眼线订卷装，装订后封底在外，以底代面将书卷好进行捆扎。修复后保持原有的装帧形式。

修复前

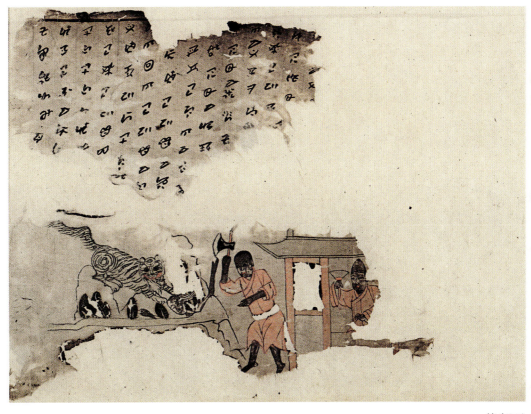

修复后

元阳彝族彩图卜书　彝文　清代绘本
修复人：杨利群及其徒弟

"天禄琳琅"专项修复项目

"天禄琳琅"是清代皇室藏书的精华，作为清代皇室典藏珍籍的代称，汇聚宋、元、明时代珍籍善本，其版本极精美，书品上乘，可称为中国古籍中的奇珍。藏书均盖有"乾隆御览之宝""五福五代堂宝""八徵耄念之宝""太上皇帝之宝""天禄琳琅"等五枚大印，史称"乾隆五玺"。

国家图书馆藏"天禄琳琅"由于传世久远，加之入藏前部分文物曾被水浸，导致目前约3500册藏品中10%左右存在严重的纸张糟朽、絮化、粘连、原装帧结构解体以及装具原貌严重破坏等问题，可认定多为一、二级（濒危、重度）破损，亟待修复保护。

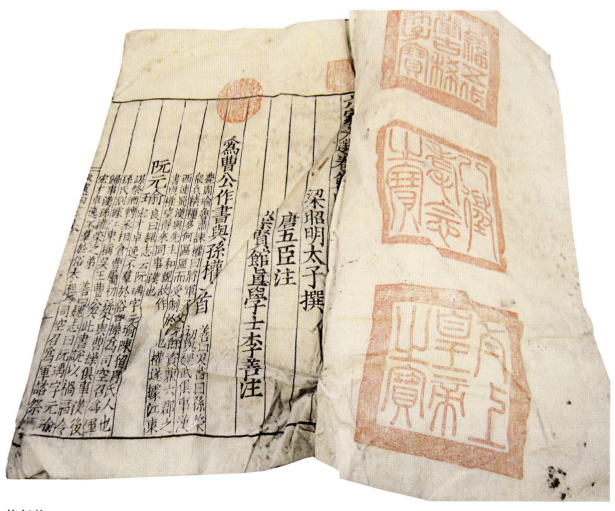

修复前

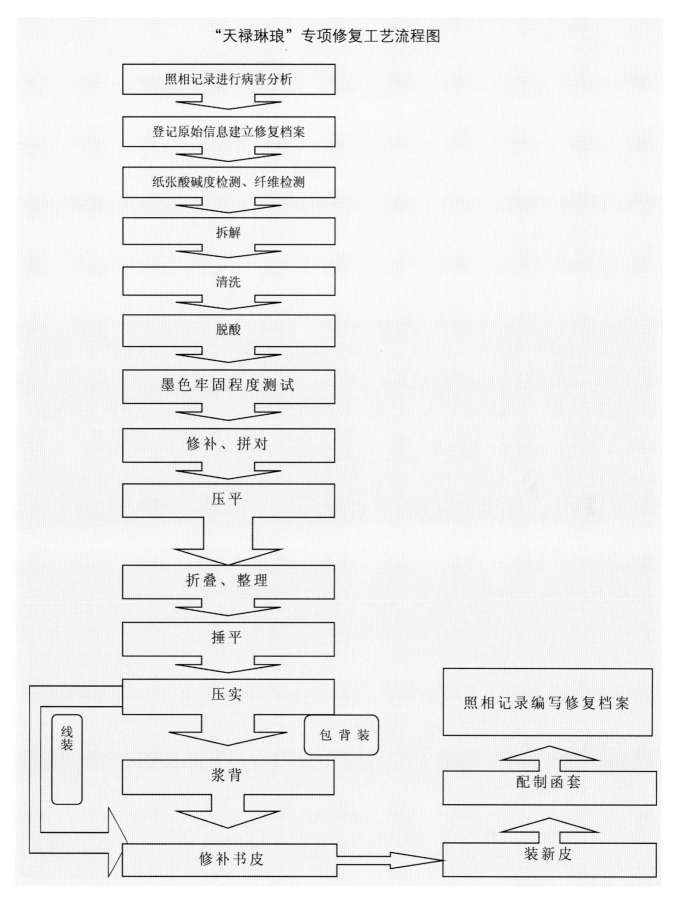

"天禄琳琅"专项修复工艺流程图

照相记录进行病害分析

登记原始信息建立修复档案

纸张酸碱度检测、纤维检测

拆解

清洗

脱酸

墨色牢固程度测试

修补、拼对

压平

折叠、整理

捶平

压实

线装

包背装

浆背

修补书皮

装新皮

配制函套

照相记录编写修复档案

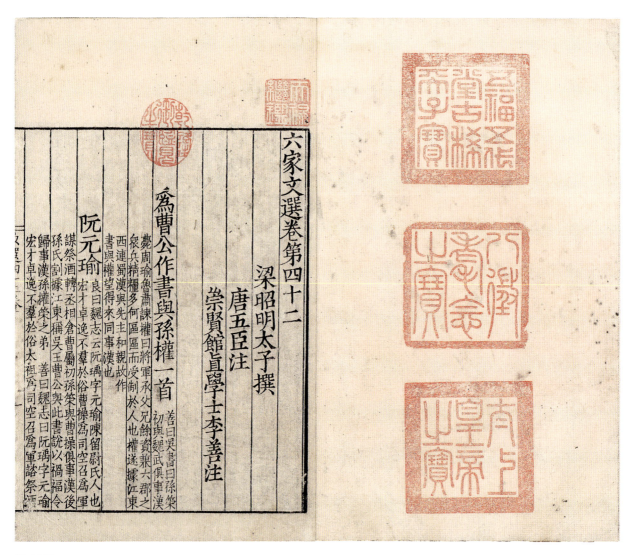

修复后

六家文选六十卷　（南朝梁）萧统辑　（唐）李善、吕延济、刘良、张铣、吕向、李周翰注　明嘉靖十三至二十八年（1534—1549）袁褧嘉趣堂刻本　存一卷（四十二）

修复人：朱振彬、崔志宾

国家图书馆入藏三件国宝级早期雕版印刷品

明学者胡应麟有言："雕本肇自隋时，行于唐世，扩于五代，精于宋人。"然隋物已邈不可寻，现存最早有明确纪年的雕版印刷品为唐咸通九年（868）《金刚经》，清末由于国家贫弱，被斯坦因劫掠至英。学者陈寅恪慨叹："敦煌者，吾国学术之伤心史也！"而今国家昌盛，文运复兴，在党和政府的关怀下，2015年4月国家图书馆入藏三件国宝级早期雕版印刷品，其中五代后唐天成二年（927）刻本《佛说观弥勒菩萨上生兜率天经一卷》仅比咸通九年《金刚经》晚59年，为国内已知有纪年的最早雕版印刷品。另两件分别为晚唐五代刻本《金刚般若波罗蜜经一卷》、五代北宋初刻本《弥勒下生经一卷》。这三件刻本弥补了中国作为雕版印刷术发明的故乡却无早期实物的遗憾，同时也提升了国家图书馆馆藏品质。

入藏伊始，国家图书馆即组织古籍版本专家与修复专家共同"把脉"，商讨修复方案，解决技术难题。目前已高质量完成两件珍品的修复工作，使般若妙谛，风采重光。

雕版印刷术凝聚了中国造纸术、制墨术、雕刻术、摹拓术等多种传统工艺智慧，是世界现代印刷术最古老的技术源头，对人类文明的发展作出了重要贡献。作为人类非物质文化遗产，雕版印刷术不仅是中国的，也是世界的。

古籍修复（潘菲摄）

佛说观弥勒菩萨上生兜率天经一卷　后唐天成二年（927）刻本

此经仅比英国国家图书馆藏唐咸通九年（868）《金刚经》晚59年，是国内已知有纪年的最早雕版印刷品，在中国印刷史上具有重大意义。全卷长123.6厘米，高26.5厘米，经文69行，行17字。全卷现存4版，分别为第八、九、十、十一，上下单边。除明确年号"天成二年"外，另有"功德主讲上生经僧栖殷""雕经人王仁珂""天成二年十一月日邑头张汉柔"以及版片号等刻经信息，均为珍贵的历史印记。

2015年4月，国家图书馆入藏后即组织古籍版本专家与修复专家共同商讨修复方案，解决技术难题，高质量完成修复工作。

不敢掃塔塗地以眾名香妙華供養後行眾三
昧深入正受讀誦經典如是等人應當至心吼
不斷結如是等輩若一念頃受八戒齋備諸淨
業叢弘擅頗業來生此處此處名曰淨彌
勒名如是等輩若得聞是彌勒菩薩名者
罪名以懺其上讚言善哉善哉善男子汝於
閻浮提廣備福業來生此處此處名曰
臨天令此天主名曰彌勒汝當歸依應聲即禮
禮已諦視眉間白毫相光即得超越九十億
即得往生兜率陀天於蓮華上結跏趺坐百
千天子作天伎樂持天曼陀羅華摩訶曼陀
羅華以散其上讚言善哉善哉
即生死之罪是時菩薩隨其宿緣為說妙其

令其堅固不退轉於無上道心如是等寺眾生
若淨諸業行六事法必定無疑當得生於覽
率天上值遇彌勒亦隨彌勒下閻浮提於第一
聞法於未來世值遇諸賢劫一切諸佛於星宿
劫亦得值遇諸佛世尊於諸佛前受菩提
記佛告優波離汝今諦聽是彌勒菩薩於
未來世當為眾生作大歸依處若有歸依
彌勒菩薩者當知是人於無上道得不退轉
諸佛告優波離若善男子善女人犯諸禁戒
造眾惡業聞是菩薩大悲名者五體投地
誠心懺悔是諸惡業速得清淨未來世中諸
眾生等聞是菩薩大悲名稱造立形像香花
衣服繒蓋幢幡礼拜繫念此人命欲終時彌勒
菩薩放眉間白毫大人相光與諸天子雨曼
陀羅華來迎此人此人須臾即得往生值遇彌
勒頭面礼敬未舉頭頃便得聞法即於無上道
得不退轉於未來世得值恒河沙等諸佛如

來佛告優波離汝今諦聽是彌勒菩薩當

九

不敢掃塔塗地以眾名香妙華供養後行眾三
昧深入正受讀誦經典如是等人應當至心吼
不斷結如是等輩若一念頃受八戒齋備諸淨
業叢弘擅頗業來生此處此處名曰淨彌
勒名如是等輩若得聞是彌勒菩薩名者
罪名以懺其上讚言善哉善哉善男子汝於
閻浮提廣備福業來生此處此處名曰
臨天令此天主名曰彌勒汝當歸依應聲即禮
禮已諦視眉間白毫相光即得超越九十億
即得往生兜率陀天於蓮華上結跏趺坐百
千天子作天伎樂持天曼陀羅華摩訶曼陀
羅華以散其上讚言善哉善哉
即生死之罪是時菩薩隨其宿緣為說妙其

令其堅固不退轉於無上道心如是等寺眾生
若淨諸業行六事法必定無疑當得生於覽
率天上值遇彌勒亦隨彌勒下閻浮提於第一
聞法於未來世值遇諸賢劫一切諸佛於星宿
劫亦得值遇諸佛世尊於諸佛前受菩提
記佛告優波離汝今諦聽是彌勒菩薩於
未來世當為眾生作大歸依處若有歸依
彌勒菩薩者當知是人於無上道得不退轉
諸佛告優波離若善男子善女人犯諸禁戒
造眾惡業聞是菩薩大悲名者五體投地
誠心懺悔是諸惡業速得清淨未來世中諸
眾生等聞是菩薩大悲名稱造立形像香花
衣服繒蓋幢幡礼拜繫念此人命欲終時彌勒
菩薩放眉間白毫大人相光與諸天子雨曼
陀羅華來迎此人此人須臾即得往生值遇彌

九

修復前

修復后

205

知於燃燈佛前得值八百四千萬億
那由他諸佛悉皆供養承事無空過
者若復有人於後末世能受持讀誦
此經所得功德於我所供養諸佛功
德百分不及一千萬億分乃至筭數譬
喻所不能及須菩提若善男子善女人
於後末世有受持讀誦此經所得功德
我若具說者或有人聞心則狂亂狐疑
不信須菩提當知是經義不可思議果
報亦不可思議爾時須菩提白佛言世

尊善男子善女人發阿耨多羅三藐
三菩提心云何應住云何降伏其心佛
告須菩提善男子善女人發阿耨多羅
三藐三菩提者當生如是心我應滅度
一切衆生滅度一切衆生已而無有一
衆生實滅度者何以故須菩提若菩薩有我相
人相衆生相壽者相則非菩薩所以者何
須菩提實無有法發阿耨多羅三藐三
菩提心者須菩提於意云何如來於燃燈
佛所有法得阿耨多羅三藐三菩提不

不也世尊如我解佛所說義佛於燃燈
佛所無有法得阿耨多羅三藐三菩提
佛言如是如是須菩提實無有法如來
得阿耨多羅三藐三菩提須菩提若有
法如來得阿耨多羅三藐三菩提者然
燈佛則不與我授記汝於來世當得作
佛號釋迦牟尼以實無有法得阿耨多
羅三藐三菩提是故然燈佛與我授記
作是言汝於來世當得作佛號釋迦牟
尼何以故如來者即諸法如義若有人

言如來得阿耨多羅三藐三菩提須菩
提實無有法佛得阿耨多羅三藐三
菩提須菩提如來所得阿耨多羅三藐
三菩提於是中無實無虛是故如來說一切
法皆是佛法須菩提所言一切法者即非一切

意知何以故如來說諸心皆為非心是名
為心所以者何須菩提過去心不可得
現在心不可得未來心不可得須菩提
於意云何若有人滿三千大千世界七
寶以用布施是人以是因緣得福多不
如是世尊此人以是因緣得福甚多須
菩提若福德有實如來不說得福
德多以福德無故如來說得福德多須
菩提於意云何佛可以具足色身見不
不也世尊如來不應以具足色身見何

以故如來說具足色身即非具足色身
是名具足色身須菩提於意云何如來
可以具足諸相見不不也世尊如來不
應以具足諸相見何以故如來說諸相
具足即非具足是名諸相具足須菩提
汝勿謂如來作是念我當有所說法莫作是
念何以故若人言如來有所說法即為
謗佛不能解我所說故須菩提說法者
無法可說是名說法爾時慧命須菩提
白佛言世尊頗有衆

生於未來世聞說是法生信心不佛言須
菩提彼非衆生非不衆生何以故須菩
提衆生衆生者如來說非衆生是名衆生
須菩提白佛言世尊佛得阿耨多羅三藐
三菩提為無所得耶如是如是須菩提我
於阿耨多羅三藐三菩提乃至無有
少法可得是名阿耨多羅三藐三菩提
復次須菩提是法平等無有高下是名
阿耨多羅三藐三菩提以無我無人無
衆生無壽者修一切善法則得阿耨多

羅三藐三菩提須菩提所言善法者如
來說非善法是名善法須菩提若三千
大千世界中所有諸須彌山王如是等七寶
聚有人持用布施若人以此般若波羅蜜經
乃至四句偈等受持讀誦為他人說

來說非善法是名善法須菩提若三千
大千世界中所有諸須彌山王如是等七寶
聚有人持用布施若人以此般若波羅蜜經
乃至四句偈等受持讀誦為他人說
於前福德百分不及一百千萬億分乃至
筭數譬喻所不能及須菩提於意云何
汝等勿謂如來作是念我當度衆生須
菩提莫作是念何以故實無有衆生如
來度者若有衆生如來度者如來則有
我人衆生壽者須菩提如來說有我者

則非有我而凡夫之人以為有我須菩提
凡夫者如來說則非凡夫是名凡夫須
菩提於意云何可以三十二相觀如來
不須菩提言如是如是以三十二相觀
如來佛言須菩提若以三十二相觀如來者
則是如來須菩提白佛言世尊如我
解佛所說義不應以三十二相觀如來
爾時世尊而說偈言
若以色見我以音聲求我是人行邪道不能見如來

來說非善法是名善法須菩提若三千
大千世界中所有諸須彌山王如是等七寶
聚有人持用布施若人以此般若波羅蜜經
乃至四句偈等受持讀誦為他人說
須菩提汝若作是念如來不以具足
相故得阿耨多羅三藐三菩提須菩提莫
作是念如來不以具足相故得阿耨多
羅三藐三菩提須菩提汝若作是念發阿
耨多羅三藐三菩提者說諸法斷滅莫
作是念何以故發阿耨多羅三藐三菩提
心者於法不說斷滅相須菩提若菩薩
以滿恒河沙等世界七寶布施

若復有人知一切法無我得成於忍此
菩薩勝前菩薩所得功德須菩提以諸
菩薩不受福德故須菩提白佛言世尊
云何菩薩不受福德須菩提菩薩所
作福德不應貪著是故說不受福德須
菩提若有人言如來若來若去若坐若
臥是人不解我所說義何以故如來者

是佛法須菩提所言一切法者即非一切

金刚般若波罗蜜经一卷　晚唐五代刻本

是我国现存雕版印刷技术的早期精品。卷轴装，首残尾全。全长367厘米，高24.5厘米，四周单边，无界行和乌丝栏。全卷存8纸，每纸27行，行14至15字。第10至13纸存版片号，但不规范。卷尾有刻工名"李仁锐"。

弥勒下生经一卷　五代至北宋初年刻本

卷轴装，首残尾全，上下单边。全卷总长152.6厘米，高26.8厘米，存经文87行。卷尾存原轴。本件版长纸短，先多纸拼接，然后刷印装帧。字体规整，雕刻细腻，反应出五代北宋间写版工艺和雕版技术已经趋于成熟。

本件残破严重，卷背有古人通卷托裱修补，补纸为五代时寺院文书，存有五代年号，可证最晚为五代时期雕版印刷实物，为研究早期雕版印刷技术提供了重要的实物例证。

三件国宝的纸质和破损状况与国图所藏敦煌遗书非常相似，因而修复方案也选用较为近似的方法，基本可以分为：表面清洁；润潮展平；破裂处粘贴；破损边缘修补加固；虫噬、缺失处修补；前人修复痕迹的移除与保留；压平、补纸裁齐；装具制作；保留完整修复档案等。

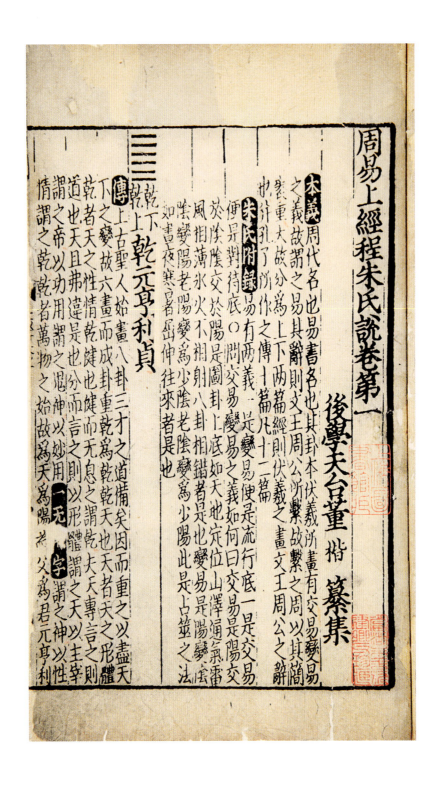

　　周易程朱氏说二十卷　　（宋）董楷辑　程子上下篇义一卷　　（宋）程颐撰　朱子易图说一卷周易五赞一卷筮仪一卷　　（宋）朱熹撰　杂卦朱氏说一卷序卦程朱氏说一卷　　（宋）董楷辑　元刻本　路慎庄、朱善旂跋　存十一卷（一、四至八，程子上下篇义全，朱子易图说全，周易五赞全，杂卦朱氏说全，序卦程朱氏说全）

　　此本为清朱善旂旧藏。《中国古籍善本书目》著录仅此一部。

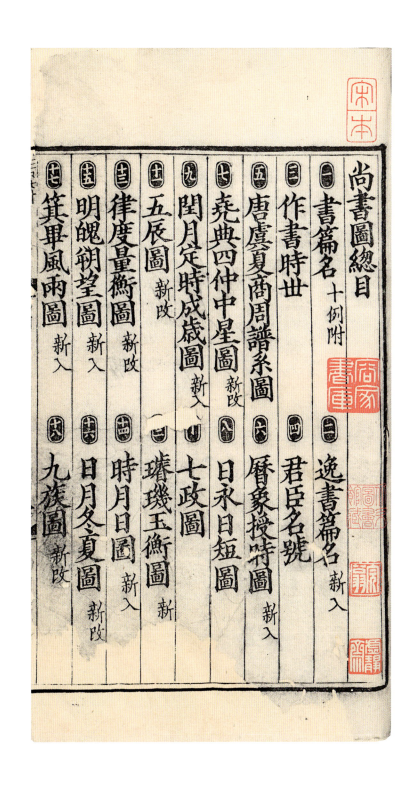

尚书图一卷　宋刻本　胡珽、黄裳跋

　　此本为宋刊宋印，雕椠印刷精美，堪称麻沙坊本之白眉。曾为黄裳旧藏，经郑振铎恳请，赠予国家图书馆。

国家图书馆藏　名录11421

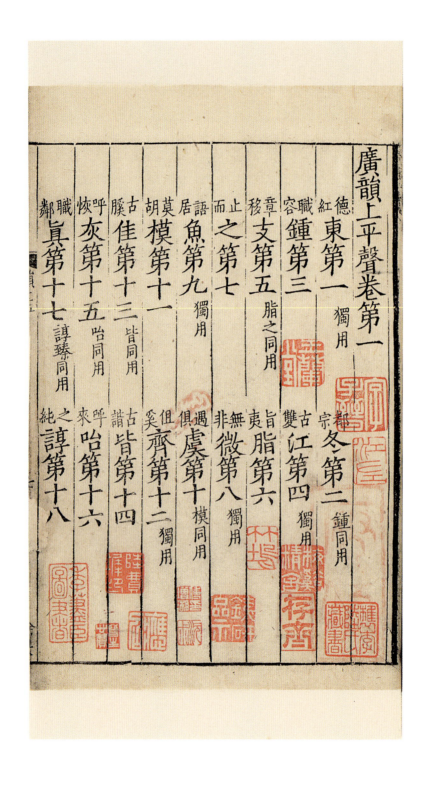

广韵五卷　（宋）陈彭年等撰　宋绍兴刻本　沈曾植题诗　存三卷（一至二、四）

《广韵》全名《大宋重修广韵》，是按韵编排的同音字典。该本是现存较早的版本，迭经毛氏汲古阁、季振宜、陆费墀等名家递藏。

因明論理門十四過類跪

大慈恩寺沙門　窺基撰

乔余

論云謂术圓滿舵立顯示缺減性言术無過有
過宗言术成就因不成就因言术決定因不決定
因言术不相違因相違言术無過輸言有所
述曰此解也立者三支悉皆此顯悬似破於無
缺減即是似破此顯悬似破也下顯別似破無
過宗有過宗言者俲理門論十四過類即是似
破今不可曳引其文但略取其意以彰似破十四
過類者一同法相似過類二異法相似過類三分
別相似過類四無異相似過類五可得相似過類
六猶豫相似過類七義准相似過類八至非至相
似過類九無因相似過類十無說相似過類十一
無生相似過類十二所作相似過類十三生過相
似過類十四常住相似過類同法即是相似故名
同法相似餘皆例然此十四種皆术能立非理安
破故名為過然似舵破故名為過類此則是能破之
類而有過故名為過類第一同法相似過類者內
曰聲無常宗勤勇無間所發性故諸勤勇無間
所發性者皆是無常譬如瓶等若是其常見
非勤勇無間所發如虛空等外曰聲常宗無
質碳故諸無質碳皆是常譬如虛空同輸諸無
質碳故因諸無質碳猶如瓶等異輸此之外量有不
定過其聲為如瓶等異輸此之外量有不

　　因明论理门十四过类疏一卷　　（唐）释窥基撰　　金皇统九年至大定十三年（1149—1173）刻元重修赵城金藏本

　　此为《赵城金藏》残失"黍"字号一卷。卷端前讲经图一幅，刊"赵城县广胜寺"字样，曾收入1934年印制的《宋藏遗珍》。

河北大学图书馆藏　名录11456

淳化阁帖十卷 　（宋）王著摹　北宋淳化三年（992）原刻南宋重刻　南宋拓泉州本　缪曰藻、褚德彝、吴昌硕题签　王文治题签并跋　彭绍升、潘奕隽、陆恭、顾莼跋　存三卷（六至八）

南宋初刻《淳化阁帖》"泉州本"（或称"泉帖"），是现存四种主要《淳化阁帖》宋代重刻系统之一。是本所存三卷为集王羲之帖，通篇甚具笔意，摹刻拓均臻精善，历经名家递藏。此本曾辗转离开中国，直至1987年由利氏北山堂于纽约拍卖购得，转赠香港中文大学文物馆，令此《淳化阁帖》重要版本回归祖国。

香港中文大学中国文化研究所文物馆藏（1988.0033　淳化阁帖泉州本卷六至八集王书（陆恭旧藏本）北山堂惠赠）　名录11474

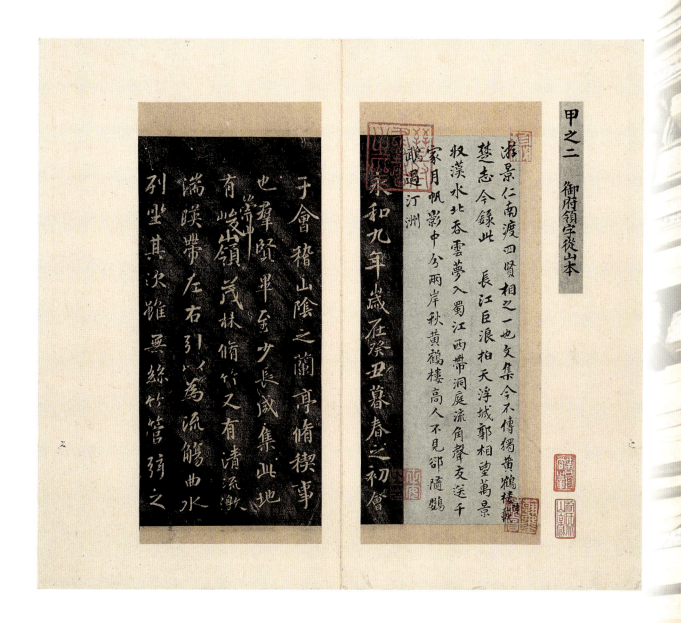

兰亭序　（晋）王羲之撰并书　南宋拓御府领字从山本（游似藏甲之二）

《兰亭序》之"御府领字从山本"甚具特色。其他传世兰亭之"崇山峻领"皆作"领"，此本则作"岭"。该版本记载最早可见于南宋桑世昌《兰亭考》。此本明初入晋藩朱樉手，历经名家递藏。

南宋理宗朝丞相游似曾收藏近百种《兰亭序》拓本，世称"游相兰亭"，现传世共40余种。1973年利氏北山堂购藏并捐赠香港中文大学文物馆"游相兰亭"十种，使该馆成为全世界收藏"游相兰亭"最多的博物馆。

香港中文大学中国文化研究所文物馆藏（1973.0618游相兰亭：甲之二　御府领字从山本兰亭序 利荣森先生惠赠）　名录11475

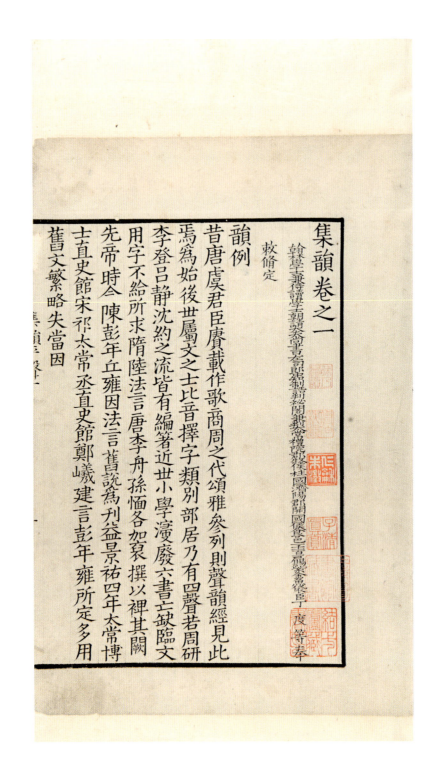

集韵十卷　（宋）丁度等撰　清初钱氏述古堂影宋抄本

此书为汉字音韵学著作，以汉字字音分韵编排。是书所据底本为南宋初年明州刻修补本，为钱曾述古堂故物，后归常熟翁氏，现藏上海图书馆，是现存最早刊本。此述古堂影宋抄本，行款、版式、避讳、文字皆与之同。朱氏结一庐旧藏。

上海图书馆藏　名录11544

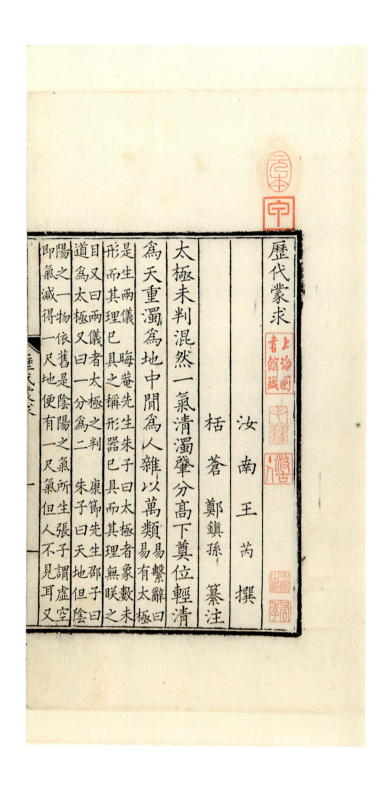

历代蒙求一卷　（宋）王芮撰　（元）郑镇孙纂注　清初毛氏汲古阁影元抄本

此书初刻于元至顺元年徽州路儒学，惜流传未广，至顺四年薛超吾重刊于衢州路。是本为毛氏汲古阁据衢州重刻本影写而成。后元版散佚，幸得此本存其原貌。许博明怀辛斋旧藏。

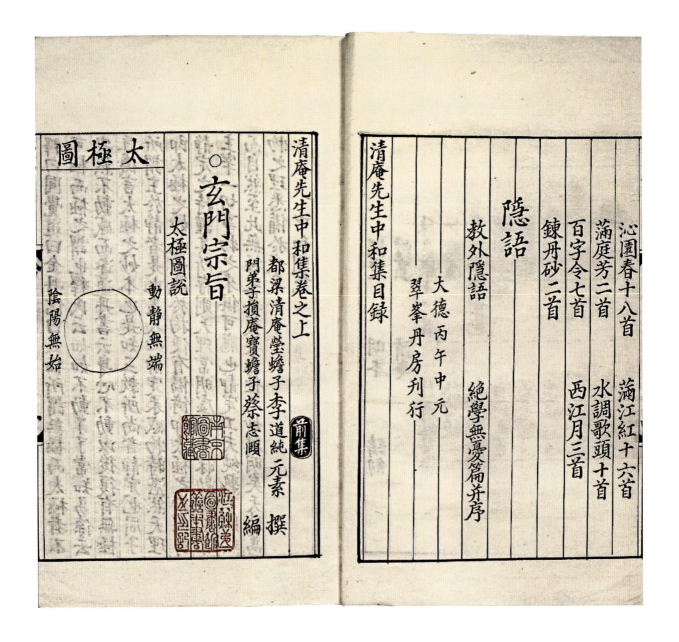

清庵先生中和集卷之上　**前集**

都梁清庵瑩蟾子李子道純元素　撰

門弟子損庵寶蟾子蔡志頤　編

○玄門宗旨

太極圖說

動靜無端

陰陽無始

太極圖

清庵先生中和集前集三卷后集三卷　（元）李道纯撰　（元）蔡志颐辑　清影元抄本　丁丙跋

　　李道纯，道教南宗创始人，被称为"中派丹法之祖"。此书乃其门人蔡志颐编次。《四库全书总目》提要称是书"大旨尽辟一切炉鼎、服食、修炼之说，归于冲虚浑化，与造化为一。"《中国古籍善本书目》末有元本记载，观此书可见元本之风貌。

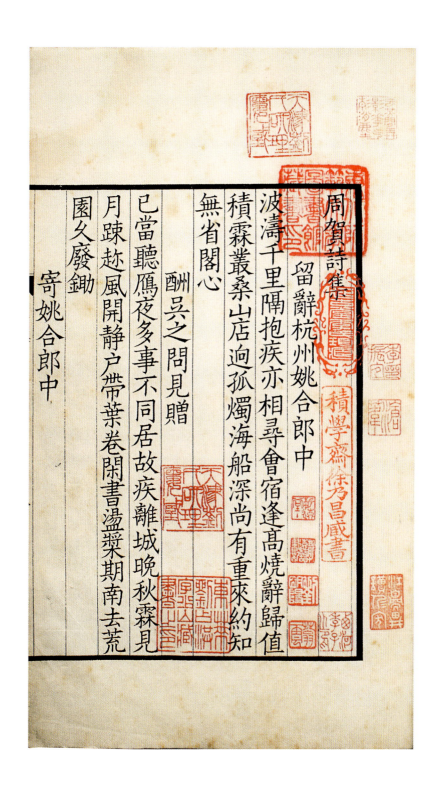

周賀詩集

留辭杭州姚合郎中

波濤千里隔抱疾亦相尋會宿逢高燒辭歸值
積霖叢桑山店迥孤燭海船深尚有重來約知
無省閣心

酬吳之問見贈

已當聽鴈夜多事不同居故疾離城晚秋霖見
月踈趂風開靜戶帶葉卷閑書滻灞期南去荒
園久廢鋤

寄姚合郎中

周贺诗集一卷　（唐）周贺撰　清初毛氏汲古阁影宋抄本

　　此书现存最早之本为南宋临安府陈宅书籍铺刻本，现藏国家图书馆。此本乃毛氏汲古阁据陈本影抄，曾经徐乃昌积学斋、李氏延古堂、刘氏研理楼递藏。

东北师范大学图书馆藏　名录11856

文则一卷　（宋）陈骙撰　明末毛氏汲古阁影元抄本　叶启发、叶启勋跋

此书以六经诸子的文章为范例，归纳、总结"为文之法"，共156条，奠定了古代辞章学的理论基础。此本见于《汲古阁珍藏秘本书目》著录。

湖南图书馆藏　名录12066

展品目录

甲骨·北图2509　商帝乙、帝辛时期（前1101—前1046）　黄组　兽骨　实物7.9×1.9厘米　51字　祭祀、吉凶梦幻主题　《甲骨文合集》35891著录　国家图书馆藏　名录09860-1

甲骨·北图5601＋北图17923　商帝乙帝辛时期（前1101—前1046）　黄组　兽骨　实物15.8×8厘米（缀合后）　13字（合文3）　祭祀主题　刘体智旧藏　《甲骨文合集》35406（部分）著录　国家图书馆藏　名录09860-1

甲骨·北图6006　商武乙、文丁时期（前1147—前1102）　历组　兽骨　实物6×3.3厘米　12字（合文1）　祭祀主题　刘体智旧藏　《甲骨文合集》32384（部分）著录　国家图书馆藏　名录09860-1

周易九卷　（魏）王弼、（晋）韩康伯注　（唐）陆德明释文　略例一卷　（魏）王弼撰　（唐）邢璹注　南宋初刻本　董其昌、文嘉、文震孟、文从简、秦蕙田跋　国家图书馆藏　名录00191

尚书正义二十卷　（唐）孔颖达撰　南宋初两浙东路茶盐司刻本（卷七至八、十九至二十配日本影宋抄本）　杨守敬跋　国家图书馆藏　名录00221

尚书图一卷　宋刻本　胡珽、黄裳跋　国家图书馆藏　名录11421

毛诗四卷　明铜活字蓝印本　国家图书馆藏　名录07289

毛诗诂训传二十卷　（汉）毛苌传　（汉）郑玄笺　（唐）陆德明释文　宋刻本　查慎行、顾广圻跋　吴荣光题款　存三卷（十八至二十）　国家图书馆藏

周礼十二卷　（汉）郑玄注　宋婺州市门巷唐宅刻本　劳健抄补并跋　国家图书馆藏　名录00250

221

礼记二十卷　（汉）郑玄注　释文四卷　（唐）陆德明撰　宋淳熙四年（1177）抚州公使库刻本　顾广圻跋　国家图书馆藏　名录00263

春秋繁露十七卷　（汉）董仲舒撰　宋嘉定四年（1211）胡槻江右计台刻本　国家图书馆藏　名录00317

孝经一卷　（唐）玄宗李隆基注　（唐）陆德明音义　元岳氏荆溪家塾刻本　国家图书馆藏　名录00318

十三经注疏　明毛氏汲古阁刻本　国家图书馆藏

四书章句集注二十八卷　（宋）朱熹撰　宋嘉定十年（1217）当涂郡斋刻嘉熙四年（1240）淳祐八年（1248）十二年递修本　国家图书馆藏　名录00320

三礼便蒙不分卷　（清）焦循撰　手稿本　上海图书馆藏　名录11505

说文解字十五卷　（汉）许慎撰　清初毛氏汲古阁刻本　佚名录惠士奇、惠栋校注　国家图书馆藏

康熙字典十二集三十六卷检字辨似一卷等韵一卷补遗一卷备考一卷　（清）张玉书、凌绍雯纂修　清康熙内府刻本　国家图书馆藏

广韵五卷　（宋）陈彭年等撰　宋绍兴刻本　沈曾植题诗　存三卷（一至二、四）国家图书馆藏　名录11432

集韵十卷　（宋）丁度等撰　清初钱氏述古堂影宋抄本　上海图书馆藏　名录11544

穆天子传六卷　（晋）郭璞注　明万历程荣刻汉魏丛书本　黄丕烈校并跋　天津图书馆藏　名录04819

史记一百三十卷　（汉）司马迁撰　（南朝宋）裴骃集解　（唐）司马贞索隐　（唐）张守节正义　明嘉靖四至六年（1525—1527）王延喆刻本　四川省图书馆藏　名录01463

史记一百三十卷　（汉）司马迁撰　（南朝宋）裴骃集解　（唐）司马贞索隐　（唐）张守节正义　（明）徐孚远、陈子龙测议　明养正堂刻本　国家图书馆藏

汉书一百卷　（汉）班固撰　（唐）颜师古注　宋蔡琪家塾刻本（卷二十九、四十五至四十七、五十六至五十七上、八十六、八十八、九十九配另一宋刻本）　国家图书馆藏　名录00404

前汉书一百卷　（汉）班固撰　明德藩最乐轩刻本　山西省图书馆藏　名录03522

后汉书九十卷　（南朝宋）范晔撰　（唐）李贤注　志三十卷　（晋）司马彪撰（南朝梁）刘昭注　宋钱塘王叔边建阳刻本（卷四十下配另一宋刻本）　国家图书馆藏　名录00408

唐书二百卷　（后晋）刘昫等撰　明嘉靖十八年（1539）闻人诠刻本　国家图书馆藏

唐书二百二十五卷　（宋）欧阳修、宋祁等撰　释音二十五卷　（宋）董冲撰　元大德九年（1305）建康路儒学刻明清递修本　湖南图书馆藏　名录07071

资治通鉴残稿　（宋）司马光撰　稿本　任希夷、赵汝述、葛洪、程珌、赵崇龢、柳贯、黄溍、宇文公谅、朱德润、郑元祐跋　国家图书馆藏　名录00444

水经注四十卷　（北魏）郦道元撰　宋刻本　袁克文跋　存十二卷（五至八、十六至十九、三十四、三十八至四十）　国家图书馆藏　名录00568

咸淳临安志一百卷　（宋）潜说友纂修　宋咸淳刻本（目录、卷一至二、五至十、十三至十九、三十二至五十、五十六至六十三、六十五至八十九、九十一至九十七配清鲍氏知不足斋抄本）　周广业校并跋　沈焜校跋并题诗　丁丙跋　南京图书馆藏　名录00563

清华胡氏族谱六卷　（明）胡尚仁、胡天民等纂修　明天顺二年（1458）家刻本　国家图书馆藏

杜氏通典二百卷　（唐）杜佑撰　明嘉靖李元阳刻本　山东省图书馆藏　名录04242

瀛涯胜览一卷　（明）马欢撰　清抄本　翁方纲、叶启勋跋　湖南图书馆藏　名录04224

冕服卤簿仪仗图不分卷　明抄彩绘本　存六册（皇帝、中宫、皇妃冠服，东宫、东宫妃冠服，亲王、亲王妃冠服，公主、世子、郡王、郡王妃、郡主妃冠服；大射仪仗图；卤簿图）　北京市文物局图书资料中心藏　名录11695

皇舆全览图　清康熙末年单色绘本　国家图书馆藏

圆明园东长春园图　清乾隆五十一年（1786）制　国家图书馆藏

古欢堂经籍举要一卷　（清）吴翌凤撰　稿本　章钰跋　南京图书馆藏　名录11707

站赤　民国抄本　国家图书馆藏

世说新语六卷　（南朝宋）刘义庆撰　（南朝梁）刘孝标注　（宋）刘辰翁、刘应登、（明）王世懋评　明凌瀛初刻四色套印本　辽宁省图书馆藏　名录04783

十一家注孙子三卷　（汉）曹操、（唐）杜牧等撰　十家注孙子遗说一卷　（宋）郑友贤撰　宋刻本　国家图书馆藏　名录00618

荀子二十卷　（唐）杨倞注　宋刻本　顾广圻跋　国家图书馆藏　名录00590

张子语录三卷后录二卷　（宋）张载撰　宋天台吴坚福建漕治刻本（有抄配）　国家图书馆藏　名录00598

近思录集解十四卷　（宋）叶采撰　元刻明修本　国家图书馆藏　名录00604

颜氏家训七卷　（北齐）颜之推撰　附考证一卷　（宋）沈揆撰　元刻本　何焯、钱大昕、孙星衍、黄丕烈跋　上海图书馆藏　名录00752

历代蒙求一卷　（宋）王芮撰　（元）郑镇孙纂注　清初毛氏汲古阁影元抄本　上海图书馆藏　名录11805

周易程朱氏说二十卷　（宋）董楷辑　程子上下篇义一卷　（宋）程颐撰　朱子易图说一卷周易五赞一卷筮仪一卷　（宋）朱熹撰　杂卦朱氏说一卷序卦程朱氏说一卷（宋）董楷辑　元刻本　路慎庄、朱善旂跋　存十一卷（一、四至八，程子上下篇义全，朱子易图说全，周易五赞全，杂卦朱氏说全，序卦程朱氏说全）　上海图书馆藏　名录11418

管子二十四卷　明刘氏安正书堂刻本　冒广生、郭沫若跋　上海图书馆藏　名录10413

韩非子二十卷　明万历周孔教刻本［四库底本］　王仁俊、黄彭年题识　安徽省图书馆藏　名录08357

墨子十五卷　明嘉靖三十一年（1552）芝城铜活字蓝印本　黄丕烈校并跋　国家图书馆藏　名录04718

传习录三卷续录二卷　（明）王守仁撰　明嘉靖三十三年（1554）刻本　东北师范大学图书馆藏　名录08320

荷亭辨论十卷补遗一卷　（明）卢格撰　清乾隆三十九年（1774）卢文弨抄本（卷六至十、补遗配清抄本）　卢文弨校并跋　丁丙跋　南京图书馆藏　名录11777

朱柏庐先生治家格言　（清）朱用纯撰　（清）丁日昌书　清同治七年（1868）刻本

国家图书馆藏

日知录三十二卷　（清）顾炎武撰　清刻本　国家图书馆藏

南海先生大同书稿不分卷　（清）康有为撰　稿本　天津图书馆藏　名录04487

苏米斋兰亭考八卷　（清）翁方纲撰　稿本　王树枏跋　存一卷（八）　国家图书馆藏　名录11755

九章筹经九卷　（晋）刘徽注　（唐）李淳风等注释　宋嘉定六年（1213）鲍澣之汀州刻本　存五卷（一至五）　上海图书馆藏　名录00683

茶经三卷　（唐）陆羽撰　宋刻百川学海本　四川省图书馆藏　名录11453

古迁陈氏家藏梦溪笔谈二十六卷　（宋）沈括撰　元大德九年（1305）陈仁子东山书院刻本　国家图书馆藏　名录00756

农桑辑要七卷　（元）大司农司撰　元后至元五年（1339）杭州路刻明修本（明补版若干叶）　上海图书馆藏　名录00625

农政全书六十卷　（明）徐光启纂辑　清道光二十三年（1843）上海王氏刻本　国家图书馆藏

黄帝内经素问二十四卷　（唐）王冰注　（宋）林亿等校正　（宋）孙兆改误　亡篇一卷　金刻本　存十三卷（三至五、十一至十八、二十，亡篇）　国家图书馆藏　名录00626

葛仙翁肘后备急方八卷　题（晋）葛洪撰　（晋）陶弘景增补　明万历二年（1574）李栻刻本　国家图书馆藏

回回药方三十六卷　明抄本　国家图书馆藏

本草纲目五十二卷首一卷附图二卷　（明）李时珍撰　（明）李建中、李建元校正　明万历二十一年（1593）金陵胡承龙刻本　中国中医科学院图书馆藏　名录01798

本草品汇精要四十二卷　（明）刘文泰、徐镇等撰　明抄彩绘本　存十一卷（一至二、十三、二十四至二十六、三十、三十二、三十四至三十五、四十）　国家图书馆藏　名录11729

营造法式三十四卷看详一卷　（宋）李诫撰　清抄本　国家图书馆藏

天工开物三卷　（明）宋应星撰　明崇祯十年（1637）自刻本　国家图书馆藏　名录04313

新镌京板工师雕斫正式鲁班经匠家镜三卷　（明）午荣、章严撰　明末刻本　国家图书馆藏

回回历法一卷　（明）吴伯宗译　明洪武十六年（1383）内府刻本　国家图书馆藏　名录04632

妙法莲华经卷第五　（后秦）释鸠摩罗什译　武周证圣元年（695）写本　国家图书馆藏　名录11404

三界寺藏内经论目录　（唐）释道真撰　归义军时期写本　敦煌研究院藏　名录11414

大方广佛华严经八十卷　（唐）释实叉难陀汉译　（西夏）仁宗校　西夏文　元活字本　存五十二卷（十一至十二、十四至十六、十九至二十三、二十七至三十五、三十七、三十九至四十六、四十八、五十一、五十三至五十四、五十七、五十九至七十五、七十九至八十）　国家图书馆藏　名录02318

因明论理门十四过类疏一卷　（唐）释窥基撰　金皇统九年至大定十三年（1149—1173）刻元重修赵城金藏本　河北大学图书馆藏　名录11456

大唐西域记　（唐）释玄奘口述　（唐）释辩机编撰　宋靖康元年至绍兴二年（1126—1132）王永从刻思溪藏本　国家图书馆藏　名录00839

南海寄归内法传四卷　（唐）释义净撰　宋靖康元年至绍兴二年（1126—1132）王永从刻思溪藏本　国家图书馆藏　名录00839

般若波罗蜜多心经注　吐蕃统治敦煌时期写本　国家图书馆藏　名录06923

大般涅槃经后分二卷　（唐）释若那跋陀罗译　北宋刻本　存一卷（下）　山西省曲沃县图书馆藏　名录00938

佛说摩利支天菩萨经一卷　（唐）释不空、（元）释法天译　明永乐元年（1403）郑和刻本　国家图书馆藏　名录04966

佛说观弥勒菩萨上生兜率天经一卷　后唐天成二年（927）刻本　国家图书馆藏

金刚般若波罗蜜经一卷　晚唐五代刻本　国家图书馆藏

弥勒下生经一卷　五代至北宋初年刻本　国家图书馆藏

六祖坛经节录　（明）袁宏道辑　明刻本　国家图书馆藏

老子道德经古本集注二卷　（宋）范应元撰　宋刻本（有抄配）　缪荃孙、沈曾植、

杨守敬、邓邦述、章钰、王闿运跋　国家图书馆藏　名录00990

纂图互注南华真经十卷　（晋）郭象注　（唐）陆德明音义　明初刻本　国家图书馆藏

清庵先生中和集前集三卷后集三卷　（元）李道纯撰　（元）蔡志颐辑　清影元抄本　丁丙跋　南京图书馆藏　名录11818

陶渊明集十卷　（晋）陶潜撰　宋刻递修本　金俊明、孙延题签　汪骏昌跋　国家图书馆藏　名录01014

文选六十卷　（梁）萧统辑　（唐）李善、吕延济、刘良、张铣、吕向、李周翰注　宋赣州州学刻宋元明递修本　王懿荣、王崇焕、王献唐跋　存三卷（十二至十三、四十二）　山东省图书馆藏　名录03161

六臣注文选六十卷　（南朝梁）萧统辑　（唐）李善、吕延济、刘良、张铣、吕向、李周翰注　宋刻本　国家图书馆藏　名录07230

六家文选六十卷　（南朝梁）萧统辑　（唐）李善、吕延济、刘良、张铣、吕向、李周翰注　明嘉靖十三至二十八年（1534—1549）袁褧嘉趣堂刻本　存一卷（四十二）　国家图书馆藏

李太白文集三十卷　（唐）李白撰　南宋初蜀刻本（卷十五至二十四配清康熙五十六年缪曰芑双泉草堂刻本）　国家图书馆藏　名录01025

集千家注分类杜工部诗二十五卷　（唐）杜甫撰　（宋）徐居仁编次　（宋）黄鹤补注　年谱一卷　（宋）黄鹤撰　元皇庆元年（1312）余志安勤有堂刻本　成都杜甫草堂博物馆藏　名录03101

周贺诗集一卷　（唐）周贺撰　清初毛氏汲古阁影宋抄本　东北师范大学图书馆藏　名录11856

金奁集一卷　（唐）温庭筠撰　清劳权抄本　劳权校　曹元忠跋　上海图书馆藏　名录12078

新刊五百家注音辩昌黎先生文集四十卷　（唐）韩愈撰　（宋）魏仲举辑注　清乾隆四十九年（1784）刻本　国家图书馆藏

花间集十卷　（后蜀）赵崇祚辑　宋绍兴十八年（1148）晁谦之建康郡斋刻本　国家图书馆藏　名录01255

文苑英华一千卷 （宋）李昉等辑 宋嘉泰元年至四年（1201—1204）周必大刻本 存一百三十卷（二百三十一至二百四十、二百五十一至二百六十、二百九十一至三百、六百一至七百） 国家图书馆藏 名录01196

文则一卷 （宋）陈骙撰 明末毛氏汲古阁影元抄本 叶启发、叶启勋跋 湖南图书馆藏 名录12066

范文正公文集二十卷 （宋）范仲淹撰 北宋刻本（卷一配抄本） 国家图书馆藏 名录01079

临川先生文集一百卷 （宋）王安石撰 宋绍兴二十一年（1151）两浙西路转运司王珏刻元明递修本 国家图书馆藏 名录03131

东坡乐府二卷 （宋）苏轼撰 元延祐七年（1320）叶辰南阜书堂刻本 黄丕烈跋 国家图书馆藏 名录01248

楚辞集注八卷辩证二卷后语六卷 （宋）朱熹撰 宋端平（1234—1236）刻本 国家图书馆藏 名录01007

稼轩长短句十二卷 （宋）辛弃疾撰 元大德三年（1299）广信书院刻本 黄丕烈跋 顾广圻抄补并跋 陶梁、瞿中溶、汪鸣銮、王鹏运、许玉瑑题款 国家图书馆藏 名录01252

剑南诗稿八十五卷 （宋）陆游撰 明末毛氏汲古阁刻本 国家图书馆藏

雪溪诗五卷 （宋）王铚撰 清马氏小玲珑山馆抄本［四库底本］ 上海图书馆藏 名录11878

淳熙稿二十卷 （宋）赵蕃撰 清乾隆翰林院抄本［四库底本］ 国家图书馆藏 名录11886

镌像古本西游证道一百回 （明）吴承恩撰 （清）黄泰鸿、汪象旭笺评 清初刻本 国家图书馆藏

新刻考订按鉴通俗演义全像三国志传二十卷 （明）罗本撰 明天启三年（1623）黄正甫刻本 国家图书馆藏 名录06597

牡丹亭四卷 （明）汤显祖撰 （明）茅瑛、臧懋循评 明茅瑛刻套印本 国家图书馆藏

元曲选十集一百卷 （明）臧懋循编 论曲一卷 （明）陶宗仪等撰 元曲论一卷

明万历刻本　国家图书馆藏　名录06540

脂砚斋重评石头记八十回　（清）曹霑撰　题（清）脂砚斋主人评　清抄本（第二十一至三十回佚名抄补）　存五十回　国家图书馆藏　名录02265

复庄今乐府选□□种□□卷总目一卷　（清）姚燮编　稿本　姚燮、张宗祥批校并跋　姚夑校并跋　存二百五十五种四百六卷（迎銮新曲一卷，康衢新乐府一卷，浙江迎銮词二卷，太平乐事一卷，万寿图一卷，西厢四卷，汉宫秋一卷，陈抟高卧一卷，黄粱梦一卷，岳阳楼一卷，青衫泪一卷，任风子一卷，荐福碑一卷，窦娥冤一卷，中秋切鲙一卷，鲁斋郎一卷，玉镜台一卷，蝴蝶梦一卷，救风尘一卷，谢天香一卷，金线池一卷，墙头马上一卷，梧桐雨一卷，两世姻缘一卷，金钱记一卷，扬州梦一卷，风花雪月一卷，东坡梦一卷，玉壶春一卷，老生儿一卷，生金阁一卷，丽春堂一卷，倩女离魂一卷，王粲登楼一卷，㑇梅香一卷，对玉梳一卷，金童玉女一卷，萧淑兰一卷，北邙说法一卷，团花凤一卷，眼儿媚一卷，桃花人面一卷，死里逃生一卷，花前一笑一卷，脱囊颖一卷，有情痴一卷，鱼儿佛一卷，不伏老一卷，僧尼共犯一卷，渔阳弄一卷，翠乡梦一卷，雌木兰一卷，曲江春一卷，簪花髻一卷，鸳鸯梦一卷，通天台一卷，临春阁一卷，清平调一卷，吊琵琶一卷，读离骚一卷，桃花源一卷，黑白卫一卷，郁轮袍一卷，梦扬州一卷，饮中仙一卷，蓝桥驿一卷，拟连厢词一卷，买花钱一卷，大转轮一卷，拈花笑一卷，浮西施一卷，梦花因一卷，一片石一卷，第二碑一卷，四弦秋一卷，昆明池一卷，集翠裘一卷，鉴湖隐一卷，旗亭馆一卷，芦花絮一卷，北孝烈一卷，圆香梦一卷，江梅梦一卷，花间九奏一卷，青溪笑二卷，牡蛎园一卷，吟风阁四卷，修箫谱一卷，列子御风一卷，艳禅一卷，四时春一卷，凌波影一卷，盂兰梦一卷，饮酒读骚一卷，园林午梦一卷，西厢记四卷，昙花记卷五至六，水浒记一卷，四喜记二卷，节孝记一卷，玉簪记二卷，双烈记二卷，鸣凤记四卷，分金记一卷，八义记一卷，梦磊记二卷，双圆舫一卷，春芜记一卷，玉镜台二卷，焚香记二卷，龙膏记三卷，红梨记三卷，贞文祠三卷，撮盒圆二卷，想当然一卷，醉乡记一卷，燕子笺三卷，白兔记卷上，彩楼记一卷，运甓记二卷，锦笺记二卷，投梭记一卷，玉盒记卷上，四贤记卷四，节侠记二卷，秣陵春五卷，钧天乐二卷，桃花扇二卷，花筵赚四卷，鸳鸯棒三卷，梦花酣一卷，西楼记二卷，珍珠衫一卷，肃霜裘二卷，醉月缘一卷，永团圆二卷，一捧雪二卷，牡丹图二卷，渔家乐二卷，艳云亭一卷，双冠诰卷下，樱桃梦三卷，灵宝刀一卷，绾春园一

229

卷，息宰河三卷，人天乐一卷，忠孝福二卷，红情言三卷，词苑春秋一卷，醉菩提一卷，长生殿六卷，玉门关一卷，布袋锦一卷，新灌园二卷，长命缕二卷，广寒香四卷，阴阳判二卷，双奇会二卷，红梅记一卷，香鞋记一卷，酒家佣二卷，游子鉴二卷，精忠旗一卷，青雀舫一卷，祷河冰一卷，双鸳祠一卷，桂花塔一卷，珊瑚玦二卷，元宝媒三卷，双忠庙卷中、下，芙蓉峡一卷，扬州梦二卷，玉尺楼卷一至二，无瑕璧一卷，瑞筠图一卷，广寒梯二卷，杏花村一卷，南阳乐三卷，奈何天卷一至三，玉搔头卷中、下，风筝误卷上，香祖楼四卷，临川梦卷下，冬青树二卷，雪中人一卷，桂林双二卷，梦中缘三卷，怀沙记三卷，玉狮坠二卷，梅花簪三卷，双报应卷上，报恩缘卷中、下，伏虎韬四卷，地行仙卷三至五，寒香亭五卷，东海记一卷，八宝箱一卷，马上缘二卷，琵琶侠四卷，鱼水缘三卷，后一捧雪一卷，芝龛记六卷，载花舲四卷，栖云石三卷，双仙记三卷，石榴记四卷，鹤归来一卷，芙蓉楼四卷，玉节记四卷，千金寿一卷，绣帕二卷，十二金钱二卷，血梅记一卷，黄河远一卷，兰桂仙一卷，仲氏红楼四卷，红楼散套二卷，梅花楼一卷，绿华轩一卷，宵光剑一卷，天宫宝一卷，凤雏圆五卷，南楼梦一卷，情邮一卷，桐叶一卷，鸳鸯冢一卷，七子圆二卷，慈悲愿一卷，翡翠园一卷，蝴蝶梦一卷，盘陀山一卷，昇平宝筏一卷，丹凤忠二卷，定心猿一卷，花神报一卷，千忠戮二卷，情中义一卷，六如曲一卷，击节余音一卷，山堂杂曲一卷，归田小令二卷，山堂附录一卷，江东白苎二卷，续江东白苎二卷，乐府词余一卷，西堂乐府一卷，叶儿乐府一卷，北乐府小令一卷，道情十首一卷，黍香集一卷，渔鼓曲一卷，棣萼香词二卷，有正味斋曲二卷，夹竹桃一卷，挂枝儿二卷）浙江图书馆藏　名录12085

淳化阁帖十卷　（宋）王著摹　北宋淳化三年（992）原刻南宋重刻　南宋拓泉州本缪曰藻、褚德彝、吴昌硕题签　王文治题签并跋　彭绍升、潘奕隽、陆恭、顾莼跋　存三卷（六至八）　香港中文大学中国文化研究所文物馆藏　名录11474

兰亭序　（晋）王羲之撰并书　南宋拓御府领字从山本（游似藏甲之二）　香港中文大学中国文化研究所文物馆藏　名录11475

金光明经散脂品　于阗文　8—9世纪写本　国家图书馆藏　名录09612

般若波罗蜜多十万颂　藏文　元抄本　存五叶　国家图书馆藏　名录09641

般若经　宝积经　记事本　藏文　云南省迪庆藏族自治州图书馆藏

大藏经·甘珠尔一百七函　藏文　清雍正八年（1730）纳塘刻本　存一百三函　国家

图书馆藏　名录02295

四部医典·诀窍部　宇妥·云丹贡布撰　十四代宇妥·云丹贡布修订　藏文　清雍正十年（1732）刻本　国家图书馆藏　名录09654

大唐大慈恩寺三藏法师传　（唐）慧立、彦悰撰　胜光法师译　回鹘文　10世纪写本　存二百四十八叶　国家图书馆藏　名录02300

六祖大师法宝坛经　卷背　瓜州审案记录　西夏文　西夏写本　存二叶　国家图书馆藏　名录11233

甘珠尔一百八函　蒙古文　清康熙五十九年（1720）内府木刻朱印本　存一百七函　国家图书馆藏　名录06706

劝善经　彝文　明刻本　国家图书馆藏　名录02345

元阳彝族彩图卜书　彝文　清代绘本　云南省少数民族古籍整理出版规划办公室藏

三国演义二十四卷　（明）罗贯中撰　（清）祁充格等译　满文　清顺治七年（1650）内府刻本　存十六卷（一至十六）　国家图书馆藏　名录02357

难经脉诀四卷　满文　清抄本　国家图书馆藏　名录12225

大藏经　傣文　清贝叶经　国家图书馆藏　名录02374

高昌馆课　回鹘文、汉文　明抄本　国家图书馆藏　名录02387

御制满汉西番合璧大藏全咒（满汉藏合璧）　（清）章嘉·若必多吉译校　清乾隆三十八年（1773）刻本　国家图书馆藏　名录09857

佛说四十二章经　藏文、满文、蒙文、汉文　清刻本　国家图书馆藏　名录12259

满汉西厢记四卷　（元）王德信撰　满文、汉文　清康熙四十九年（1710）刻本　辽宁省图书馆藏　名录12220

欧几里得《原本》十五卷　（古希腊）欧几里得著　（德国）克里斯托夫·克拉维乌斯编注　拉丁文　科隆1591年版　国家图书馆藏

中国植物志　（波兰）卜弥格撰　拉丁文　维也纳1656年初版印本　上海图书馆藏　名录12267

德里格小提琴奏鸣曲　（意大利）德里格作曲　意大利文　18世纪稿本　国家图书馆藏　名录11373

马可·波罗旅行路线图　（意大利）乔瓦尼·巴蒂斯塔·巴尔代利·博尼编制　意

大利文　1822年　国家图书馆藏

　　马可·波罗游记　英文　伦敦、纽约1907年印本　国家图书馆藏

　　道及其威力：《道德经》以及它在中国思想中地位的研究　　（英国）阿瑟·韦利撰

英文　伦敦、纽约1934年印本　国家图书馆藏

　　论语　（意大利）殷铎泽译　汉文、拉丁文　1662年刻本　上海图书馆藏　名录12272

结　语

正如习近平同志指出的："一个国家、一个民族的强盛，总是以文化兴盛为支撑的。"

中华文明沿自开放包容、交流互鉴的文化传承；中国精神承自自强不息、厚德载物的华夏风骨；中国模式来自立足本土、多元一体的曲折探索；中国道路源自以史为鉴、古为今用的扎实步伐。

中华文明延续着我们国家和民族的精神血脉，既需要薪火相传、代代守护，也需要与时俱进、推陈出新。从历史文化中汲取力量，在优秀典籍中寻找智慧，牢记我们共有的民族记忆，共筑我们永恒的精神家园，这便是我们在今天的一份道路自信、理论自信、制度自信，更是我们在走向中华民族伟大复兴过程中的文化自信。

庚子元旦 孝子天地之二倍甚 如姑知姑君母知母君伊 府

級 勞大夫人名蓮 之權弱 妾吾地

年之後 幽之鳥大獄之胡國子土 北溫帶之地國子

中華之氣蓄西南而華常以 海之 中華學子
南海濱河之西 北日銀塘 民子用父子之子
日庫冰之威震 蘆荒帝堯而露馬陽父之同 漢廣寅
幼鯉千年之久而吸飲之 天地之水通西國之善會
諸姑之心師粉英 而婦飲神 遊子諸大之亦保入子血脈
三十萬登白雲山摩星之顏蔚之甚鳥于人極心已扁

苔東西

苔東西